Liebe Eltern,

schön, dass Sie sich für unsere Lesemandalas entschieden haben! Die folgenden 15 Übungsblätter enthalten Aufgaben zu Lauten, Silben und Wörtern. So trainiert Ihr Kind das genaue Hinhören und Unterscheiden von Lauten, also die akustische Differenzierungsfähigkeit, sowie das elementare Lesen im ersten Grundschuljahr. Die kinderleichte Selbstkontrolle ermöglicht es den Leseanfängern außerdem, selbstständig die Richtigkeit der eigenen Lösungen zu überprüfen.

So werden die Übungen bearbeitet

Das Prinzip ist denkbar einfach: Am Anfang steht immer das laute Aussprechen des gesuchten Wortes. Danach markiert das Kind den gesuchten Buchstaben bzw. Laut (oder die gesuchte Silbe). Jedem Ergebnis ist eine Zahl zugeordnet, die sich im jeweiligen Kontroll-Mandala wiederfindet. Ihr Kind malt das entsprechende Feld farbig aus – und erkennt so auf einen Blick, ob es alles richtig gemacht hat!

Worauf Sie achten sollten

Es ist sinnvoll, sich bei der Erarbeitung der Vorlagen an das oben beschriebene Schema zu halten. So stellen Sie sicher, dass Ihr Kind nicht überfordert wird.
Die Übungen in diesem Heft werden *nicht* zunehmend schwieriger, denn wie und in welcher Reihenfolge Erstklässler Buchstaben und Laute lernen, unterscheidet sich von Bundesland zu Bundesland und hängt von den jeweiligen Lehrplänen ab.

Zielgruppen

Da Schülerinnen und Schüler bei der Entwicklung ihrer Lesekompetenz sehr unterschiedliche Fähigkeiten besitzen, können diese Übungsblätter in den **Klassen 1 und 2 der Grundschule** eingesetzt werden.

Übrigens

Sämtliche Vorlagen wurden mit Erstklässlern verschiedener Grundschulen ausgiebig erprobt und optimiert! (Natürlich eignen sich die Übungsblätter auch für den Einsatz in der Schule.)

Für **Hinweise und Rückmeldungen** bin ich sehr dankbar:
michaeljunga@t-online.de
Viel Freude mit diesem Heft wünscht
Ihnen und Ihrem Kind Ihr

Michael Junga

Michael Junga

Inhalt — Seite

Vorwort und Inhaltsverzeichnis 1
Anlaute
Finde den Anlaut! 2
Finde auch hier den Anlaut! 3
Auslaute
Finde den Auslaut! 4
Finde auch hier den Auslaut! 5
Inlaute
Finde den Inlaut! 6
Finde auch hier den Inlaut! 7
Finde den Laut in der Mitte! 8
Finde auch hier den fehlenden Laut! 9
Anfangssilben
Finde die Anfangssilbe! 10
Finde auch hier die Anfangssilbe! 11
Endsilben
Finde die Endsilbe! 12
Finde auch hier die Endsilbe! 13
Wörter
Finde das Wort zum Bild! 14
Finde auch hier das Wort zum Bild! 15
Lesewörter mit K 16

1. Finde den Anlaut!

Was siehst du auf den Bildern? Sprich die Wörter laut aus. Umkreise bei jeder Aufgabe den gesuchten Anlaut und die dazugehörige Lösungszahl. Suche dann im Mandala zu jeder Aufgabe das Feld mit der richtigen Zahl. Male es in der angegebenen Farbe aus!

1 blau

Z	A	B
8	1	4

2 gelb

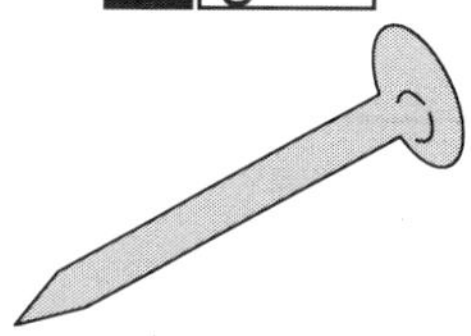

F	P	N
7	10	11

3 rot

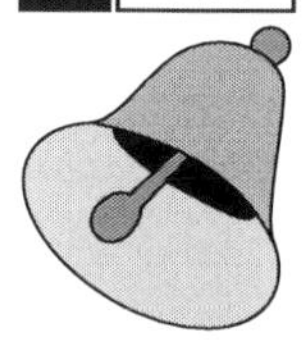

H	G	A
2	12	9

4 blau

K	D	Z
1	5	8

5 gelb

O	E	F
10	3	7

6 rot

K	H	P
9	2	6

7 blau

A	D	B
1	5	4

8 gelb

P	E	N
10	3	11

9 rot

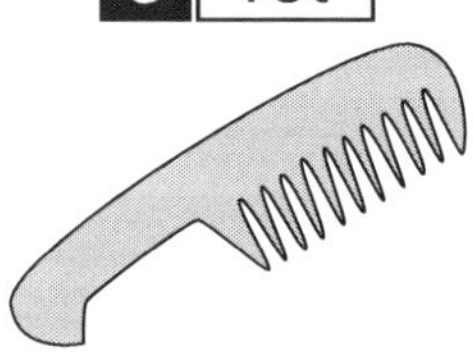

B	K	Z
6	9	12

10 blau

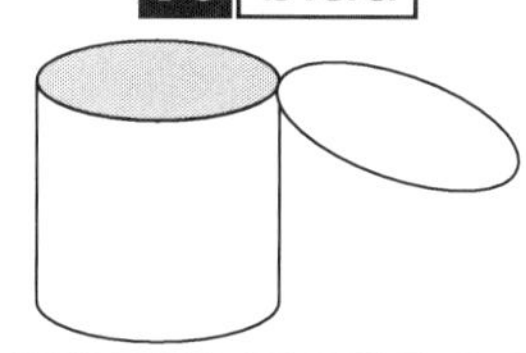

D	H	G
5	4	8

11 gelb

E	N	H
3	9	7

12 rot

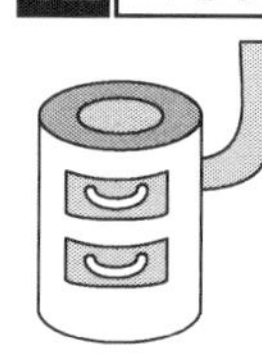

B	O	E
2	6	12

Kontroll-Mandala

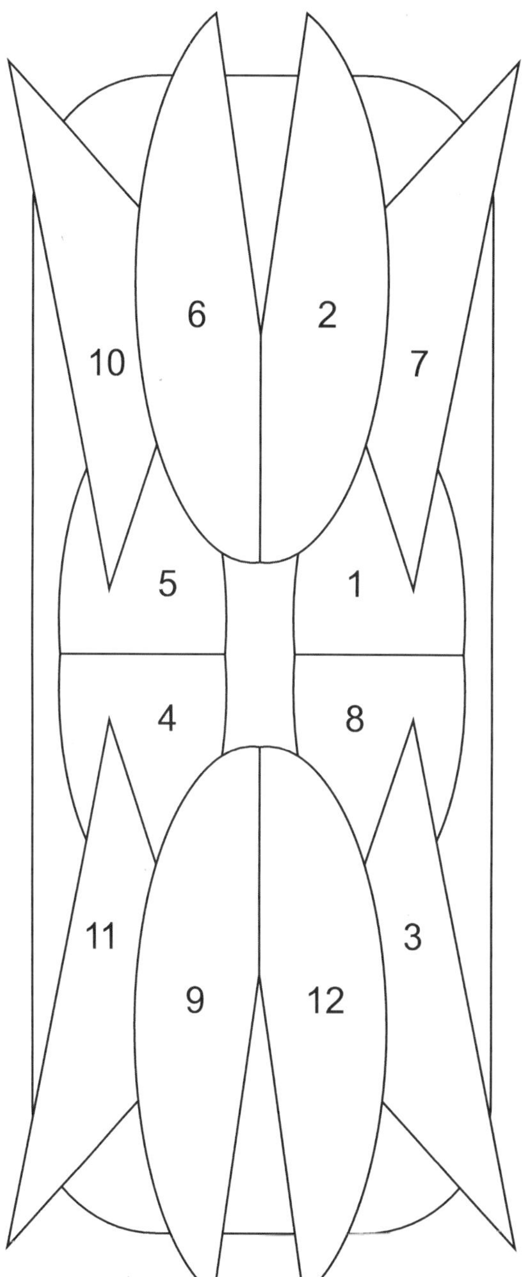

2. Finde auch hier den Anlaut!

Was siehst du auf den Bildern? Sprich die Wörter laut aus. Umkreise bei jeder Aufgabe den gesuchten Anlaut und die dazugehörige Lösungszahl. Suche dann im Mandala zu jeder Aufgabe das Feld mit der richtigen Zahl. Male es in der angegebenen Farbe aus!

1 blau

Z	T	K
10	12	11

2 gelb

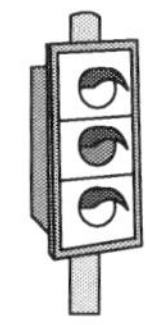

L	A	P
1	9	7

3 rot

F	D	G
5	3	8

4 blau

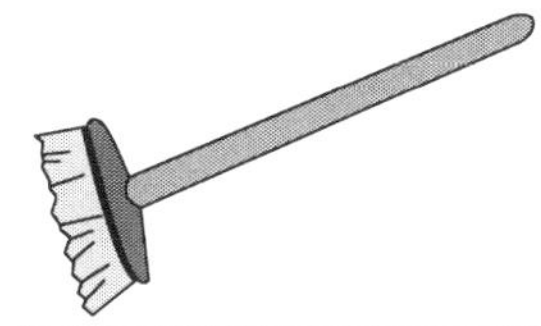

E	B	H
10	12	2

5 gelb

T	Z	K
7	1	4

6 rot

A	L	P
8	3	6

7 blau

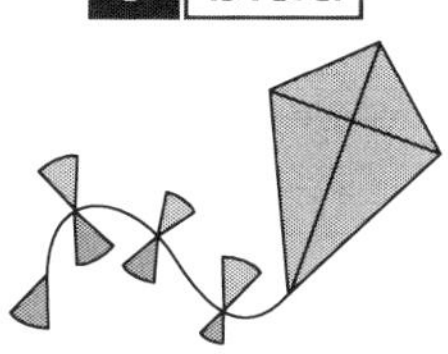

F	G	D
11	2	10

8 gelb

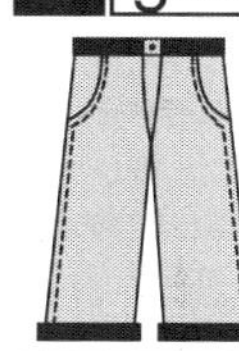

H	E	B
1	6	9

9 rot

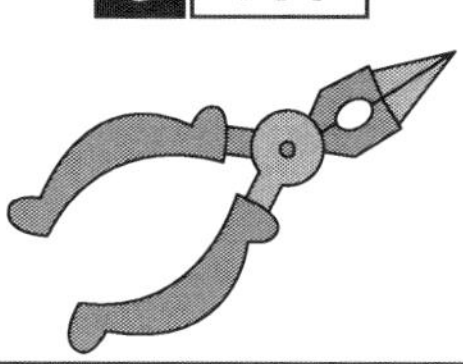

Z	K	T
8	4	5

10 blau

L	A	P
11	12	2

11 gelb

D	F	G
7	9	4

12 rot

H	E	B
5	6	3

Kontroll-Mandala

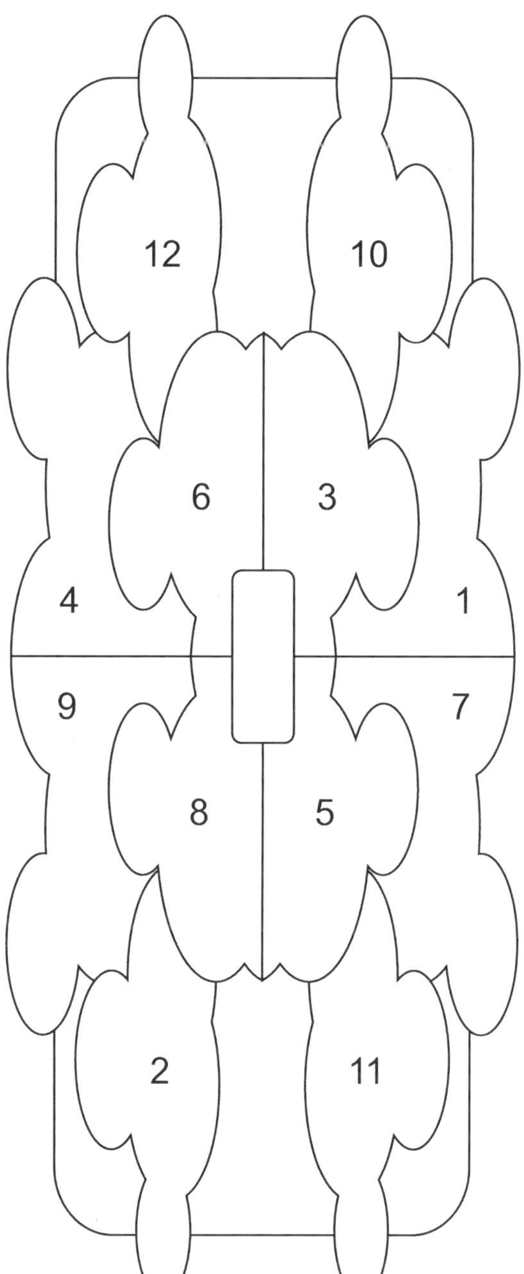

3. Finde den Auslaut!

Sprich laut aus, was du auf den Bildern siehst. Suche dann im Lösungs-Schlüssel zu jeder Aufgabe den passenden Auslaut. Schreibe die Lösungszahl in den Kreis links unter dem Bild. Suche anschließend im Mandala das Feld mit der richtigen Zahl und male es in der angegebenen Farbe aus.

1 blau

3 Bu___

2 gelb
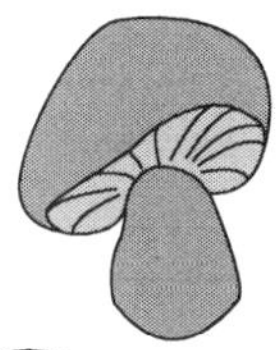
Pil___

3 grün
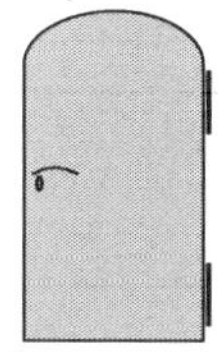
Tü___

4 blau
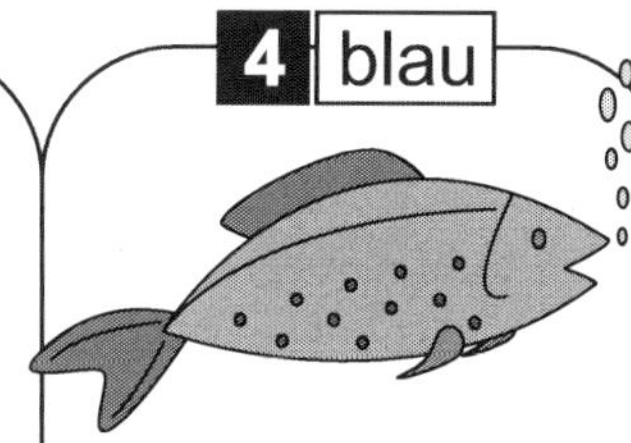
Fi___

5 gelb
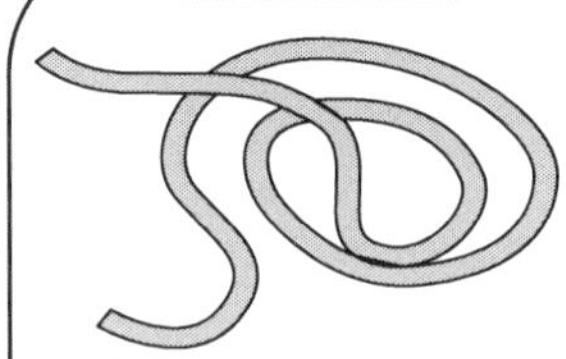
Sei___

6 grün

Ban___

7 blau
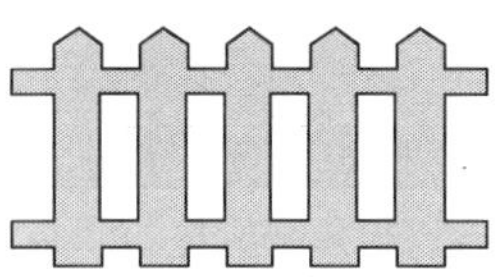
Zau___

8 gelb
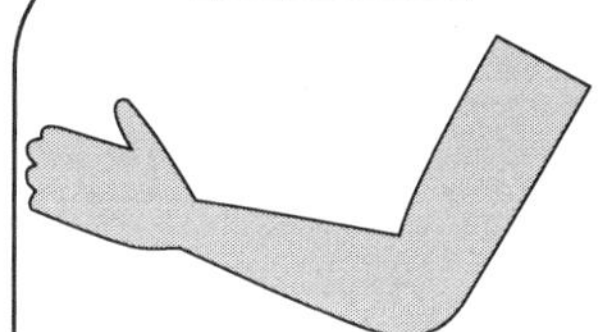
Ar___

9 grün
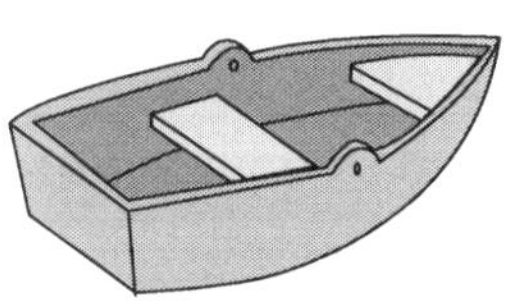
Boo___

10 blau
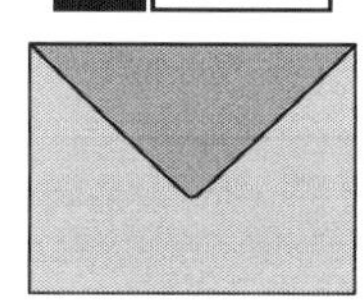
Brie___

11 gelb

Lau___

12 grün

Dr___

Lösungs-Schlüssel

b 11	ch 3	ei 7	f 6
k 10	l 2	m 9	n 8
r 12	sch 5	t 4	z 1

Kontroll-Mandala

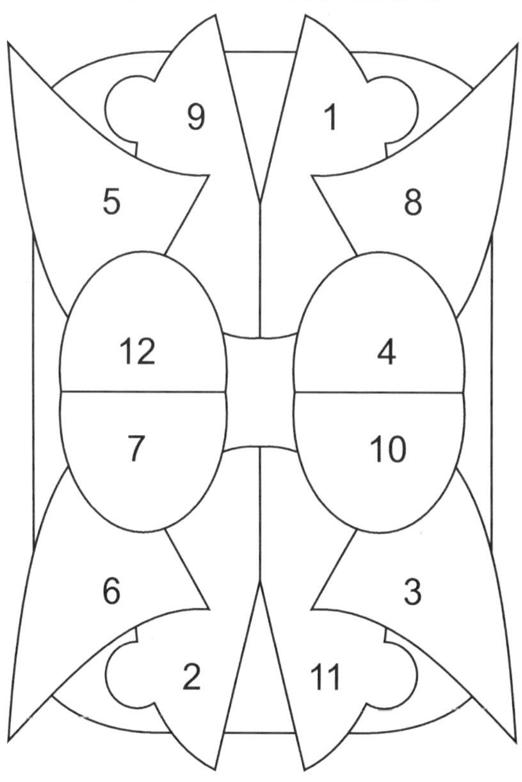

4. Finde auch hier den Auslaut!

Sprich laut aus, was du auf den Bildern siehst. Suche dann im Lösungs-Schlüssel zu jeder Aufgabe den passenden Auslaut. Schreibe die Lösungszahl in den Kreis links unter dem Bild. Suche anschließend im Mandala das Feld mit der richtigen Zahl und male es in der angegebenen Farbe aus.

1 blau

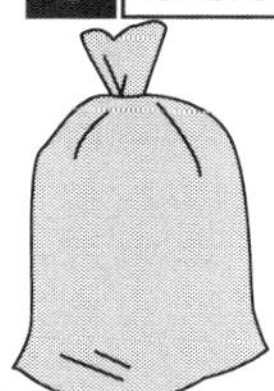

Sa___

2 gelb

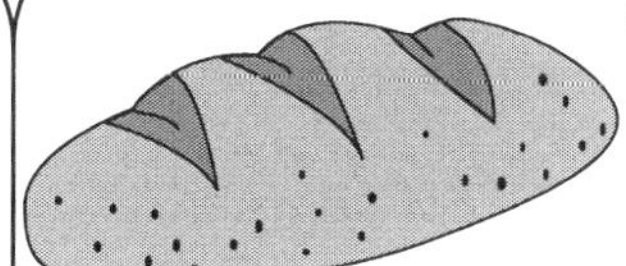

Bro___

3 grün

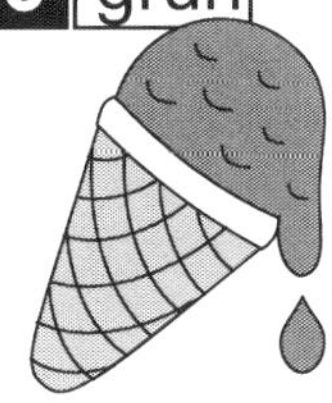

Ei___

4 blau

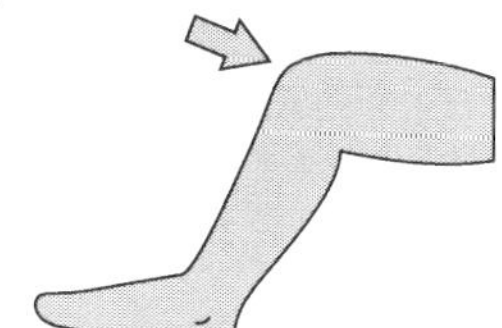

Kn___

5 gelb

Dor___

6 grün

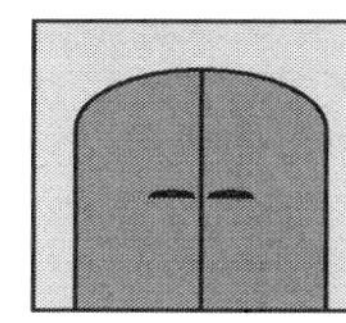

To___

Lösungs-Schlüssel

au 11	ch 7	ck 8	f 4
ie 10	l 5	m 1	n 3
r 12	s 9	sch 6	t 2

7 blau

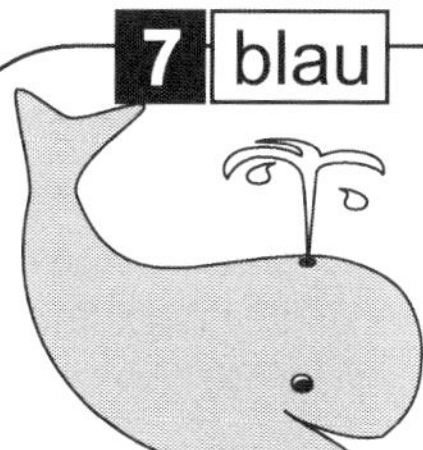

Wa___

8 gelb

Ti___

Kontroll-Mandala

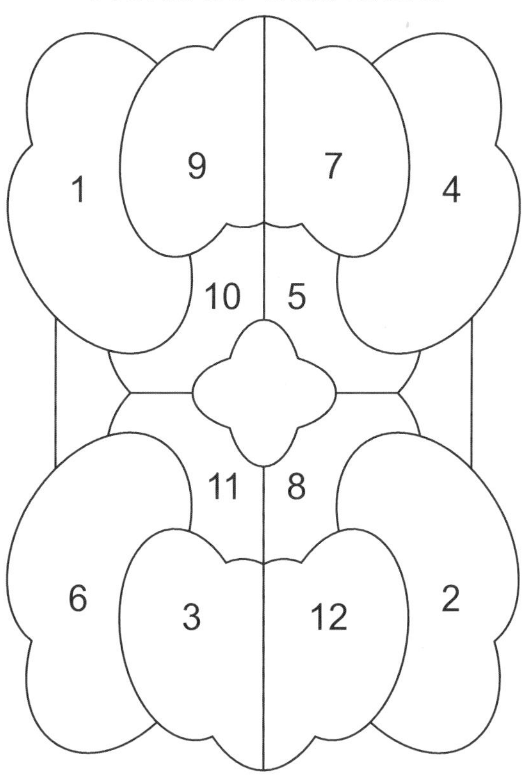

9 grün

Wei___

10 blau

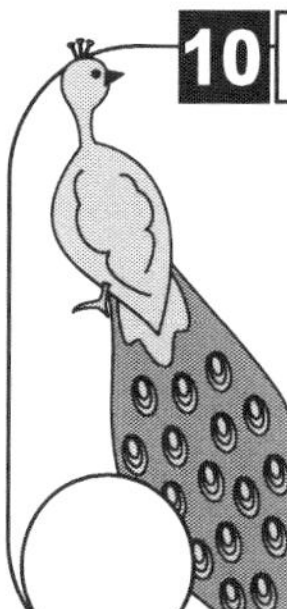

Pf___

11 gelb

Bau___

12 grün

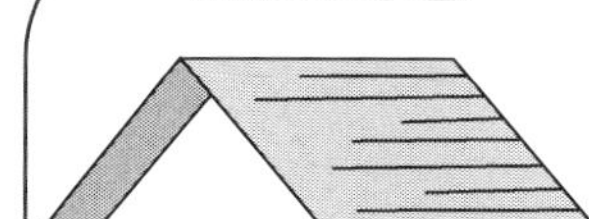

Da___

5. Finde den Inlaut!

Was siehst du auf den Bildern? Sprich die Wörter laut aus. Umkreise bei jeder Aufgabe den gesuchten Inlaut und die dazugehörige Lösungszahl. Suche dann im Mandala zu jeder Aufgabe das Feld mit der richtigen Zahl. Male es in der angegebenen Farbe aus!

1 blau

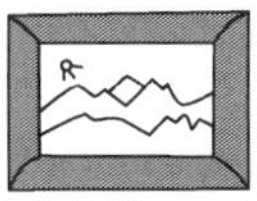

B___ld

a	o	i
7	4	9

2 gelb

Wu___m

r	t	p
2	6	3

3 rot

Fr___sch

u	o	e
12	8	1

4 blau

Mu___d

f	n	s
11	4	7

5 gelb

Ge___d

l	r	n
6	3	10

6 rot

H___s

ei	eu	au
5	12	1

Kontroll-Mandala

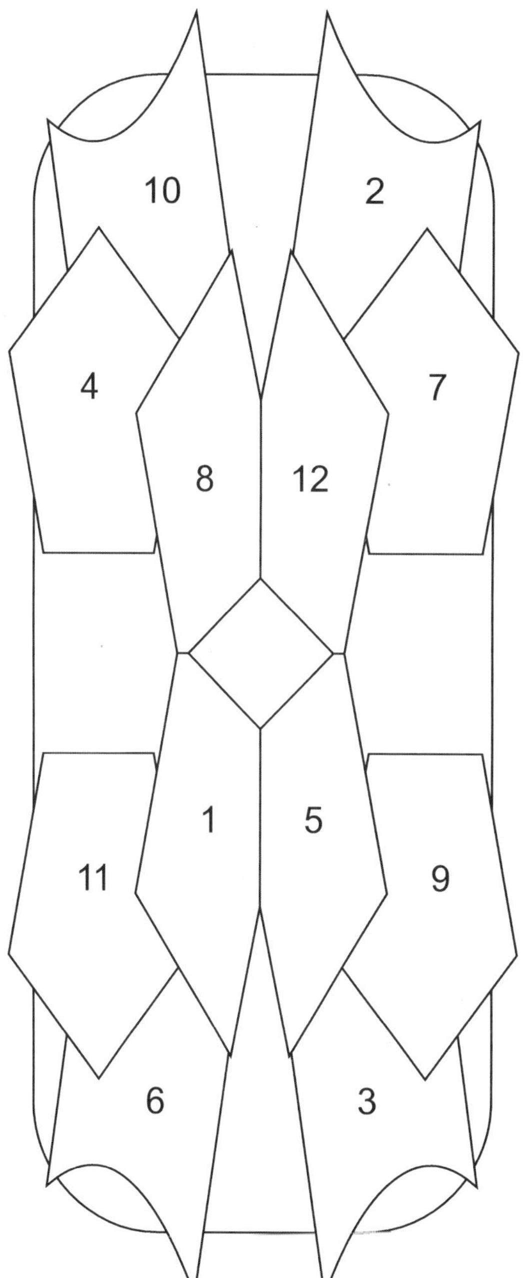

7 blau

D___b

au	ie	eu
9	7	11

8 gelb

Z___erg

w	n	b
3	10	2

9 rot

N___tz

a	i	e
8	5	12

10 blau

B___rt

e	a	u
4	11	9

11 gelb

B___rg

u	a	i
10	2	6

12 rot

Kl___d

au	eu	ei
1	8	5

6. Finde auch hier den Inlaut!

Was siehst du auf den Bildern? Sprich die Wörter laut aus. Umkreise bei jeder Aufgabe den gesuchten Inlaut und die dazugehörige Lösungszahl. Suche dann im Mandala zu jeder Aufgabe das Feld mit der richtigen Zahl. Male es in der angegebenen Farbe aus!

1 blau

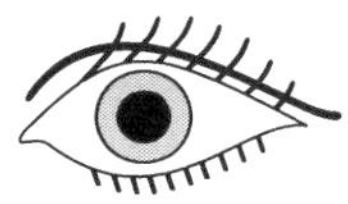

Au___e

g	t	m
12	4	11

2 gelb

Br___lle

o	u	i
6	1	8

3 rot

D___ckel

u	a	o
9	3	5

4 blau

Ei___er

g	s	m
7	11	4

5 gelb

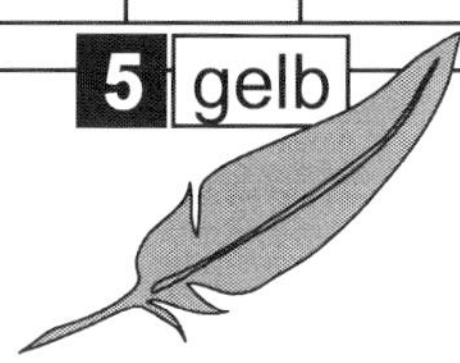

Fe___er

n	d	w
6	1	2

6 rot

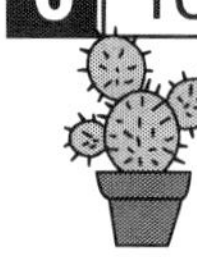

Ka___tus

k	r	p
9	5	10

7 blau

Ga___ten

k	r	s
7	11	12

8 gelb

L___pe

e	a	u
2	8	6

9 rot

B___er

au	ei	eu
5	10	3

10 blau

De___fin

r	l	m
4	7	12

11 gelb

F___er

au	ie	eu
1	8	2

12 rot

G___er

ei	eu	au
10	3	9

Kontroll-Mandala

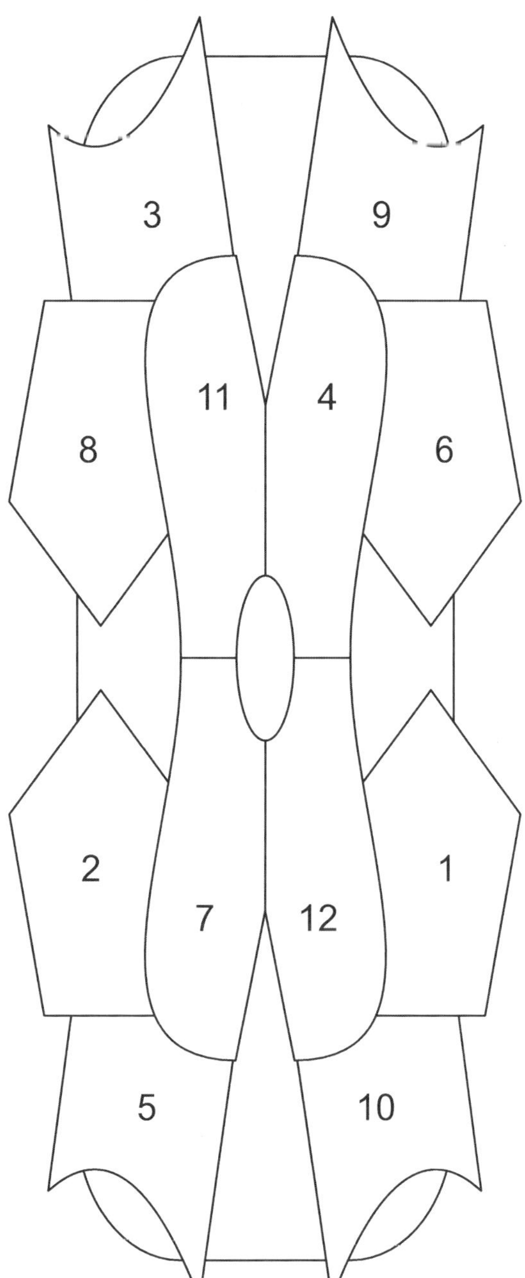

7. Finde den Laut in der Mitte!

Sprich laut aus, was du auf den Bildern siehst. Suche dann im Lösungs-Schlüssel zu jeder Aufgabe den passenden Inlaut. Schreibe dessen Lösungszahl in den Kreis links unter dem Bild. Suche anschließend im Mandala das Feld mit der richtigen Zahl und male es in der angegebenen Farbe aus.

1 blau

(5) F___chs

2 gelb

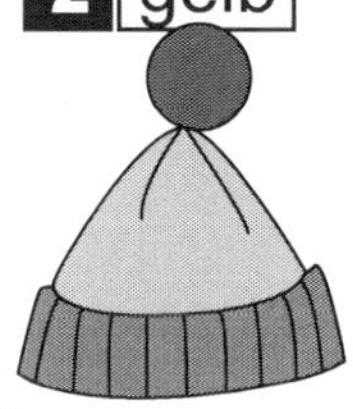

M___tze

3 grün

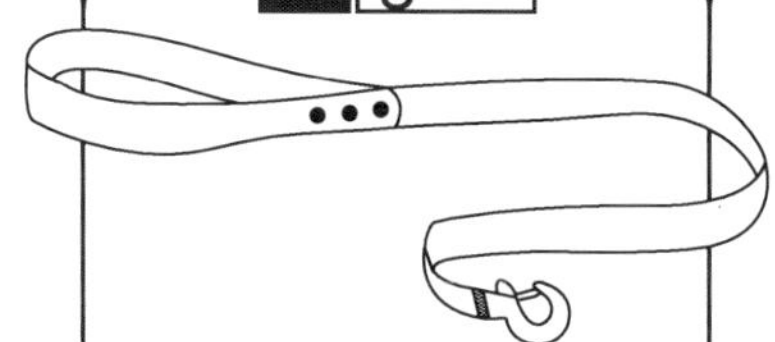

L___ne

4 blau

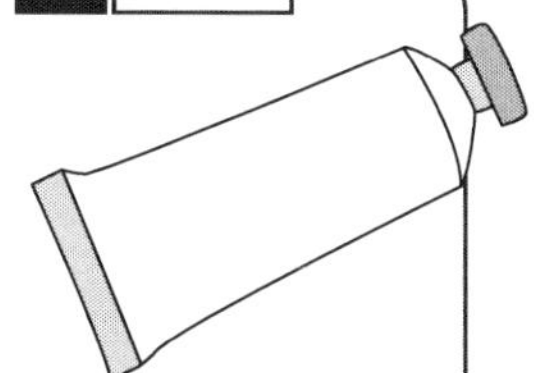

Tu___e

5 gelb

Ei___er

6 grün

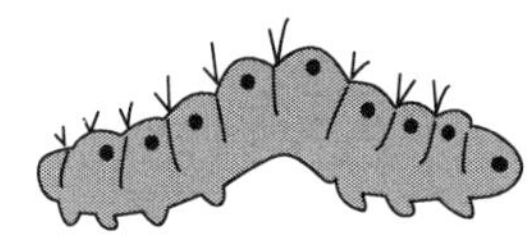

R___pe

7 blau

Pfei___e

8 gelb

An___ug

9 grün

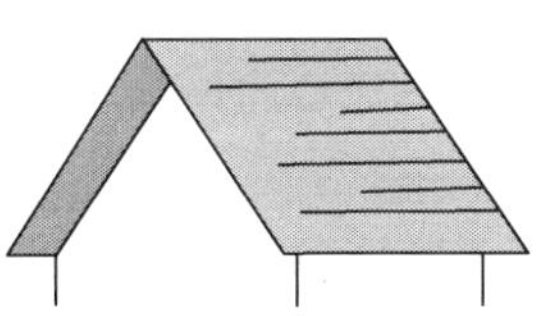

D___ch

10 blau

K___ch

11 gelb

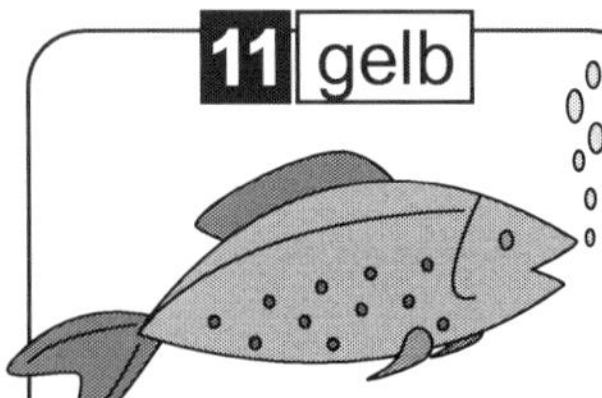

F___sch

12 grün

E___ch

Lösungs-Schlüssel

a 2	au 8	b 6	ei 7
f 3	i 12	l 11	m 10
o 9	u 5	ü 4	z 1

Kontroll-Mandala

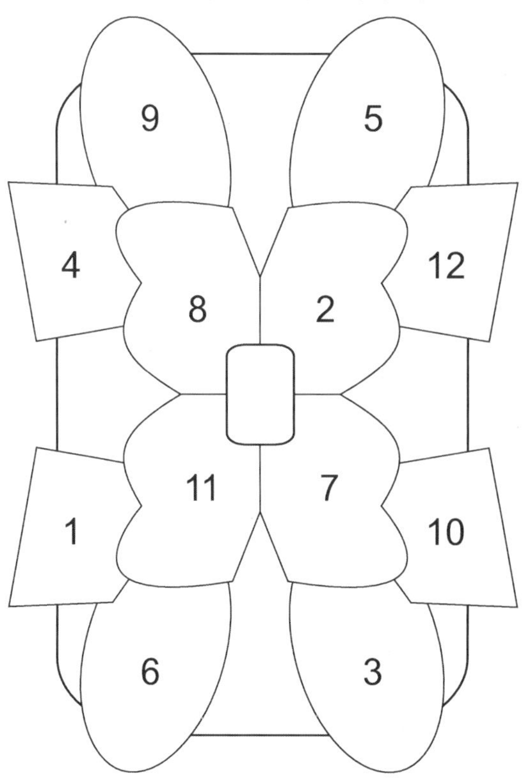

8. Finde auch hier den fehlenden Laut!

Sprich laut aus, was du auf den Bildern siehst. Suche dann im Lösungs-Schlüssel zu jeder Aufgabe den passenden Inlaut. Schreibe dessen Lösungszahl in den Kreis links unter dem Bild. Suche anschließend im Mandala das Feld mit der richtigen Zahl und male es in der angegebenen Farbe aus.

1 blau

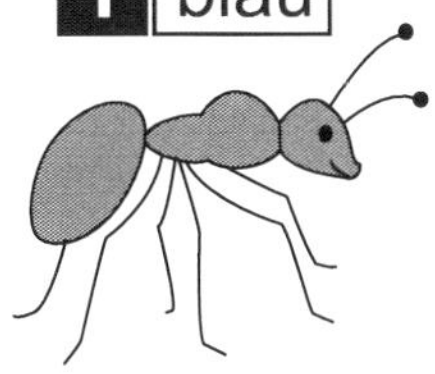

Am___se

2 gelb

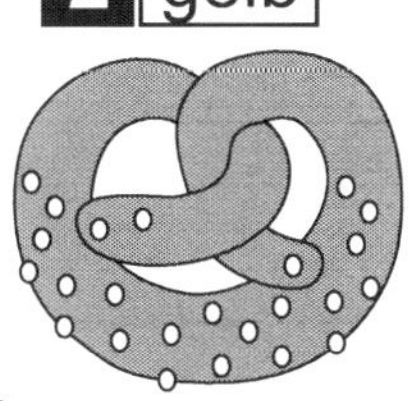

Bre___el

3 grün

D___chs

4 blau

Dra___e

5 gelb

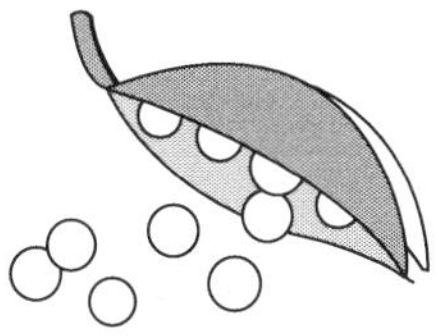

Er___se

6 grün

B___tel

7 blau

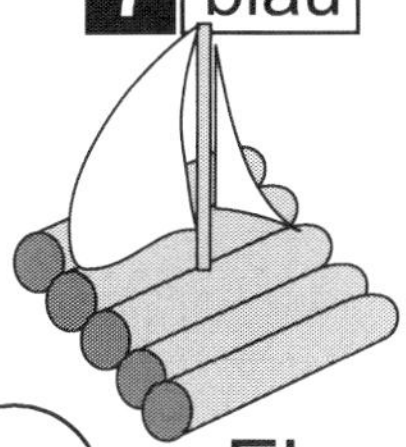

Fl___ß

8 gelb

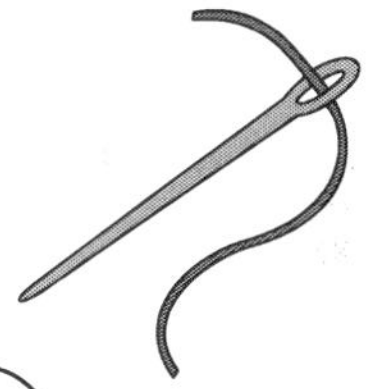

Na___el

9 grün

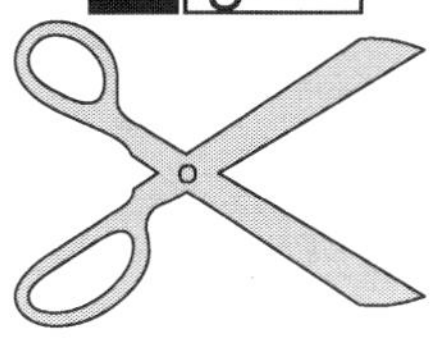

Sch___re

10 blau

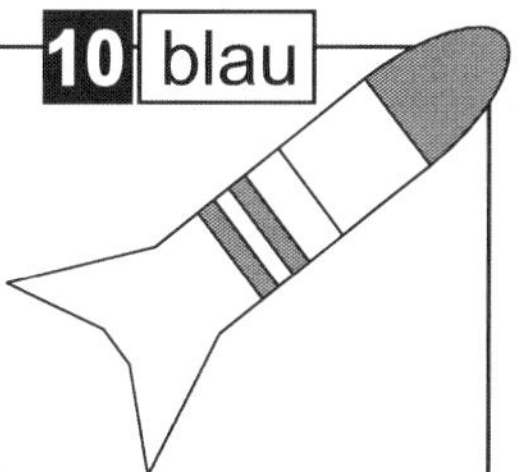

Ra___ete

11 gelb

Bl___tz

12 grün

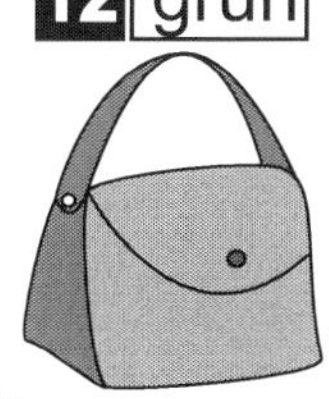

Ta___e

Lösungs-Schlüssel

a 7	b 12	ch 10	d 2
e 8	ei 9	eu 1	i 6
k 5	o 4	sch 11	z 3

Kontroll-Mandala

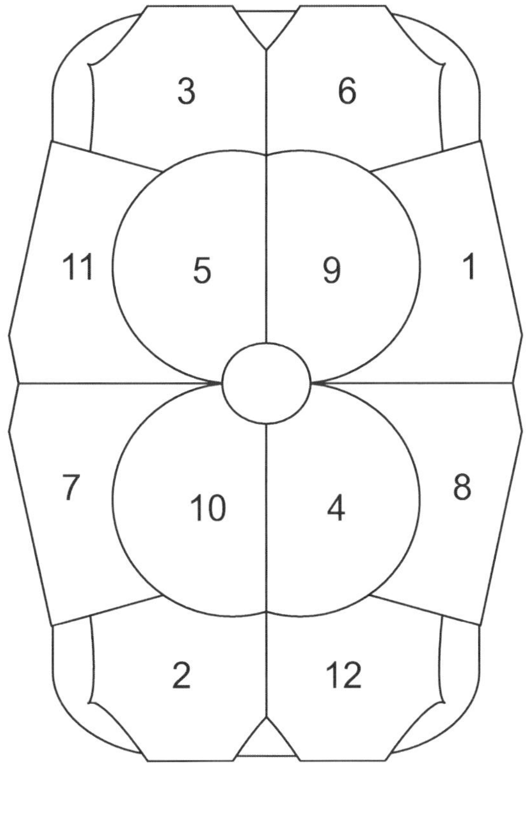

9. Finde die Anfangssilbe!

Was siehst du auf den Bildern? Sprich die Wörter laut aus. Umkreise bei jeder Aufgabe die gesuchte Anfangssilbe und die dazugehörige Lösungszahl. Suche dann im Mandala zu jeder Aufgabe das Feld mit der richtigen Zahl. Male es in der angegebenen Farbe aus!

1 blau

Ho	2
Ha	5
Hu	9

2 gelb

No	3
Na	12
Ne	8

3 rot

Lä	4
Lö	11
Lü	10

4 blau

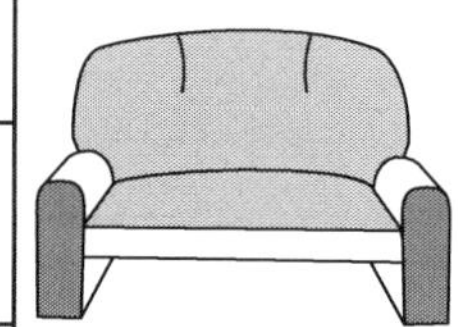

Su	9
Sa	7
So	2

5 gelb

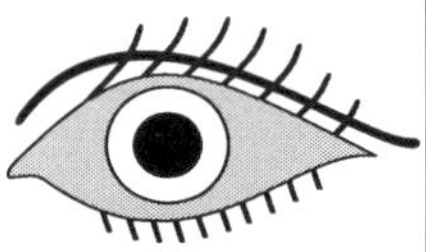

Ei	8
Au	12
Eu	6

6 rot

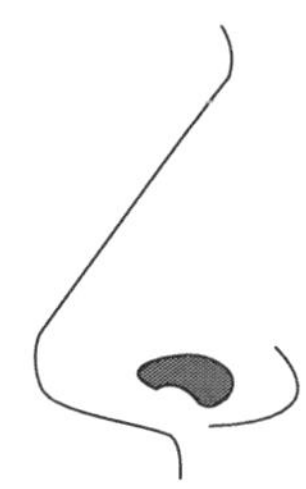

Na	10
No	4
Ne	1

7 blau

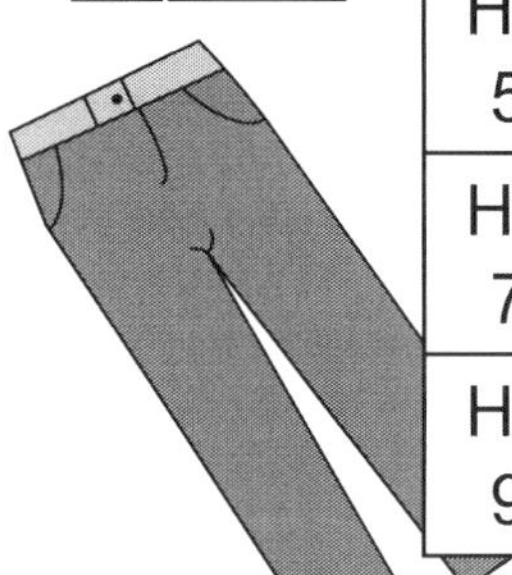

Ha	5
Ho	7
Hu	9

8 gelb

Va	6
Vo	8
Vu	3

9 rot

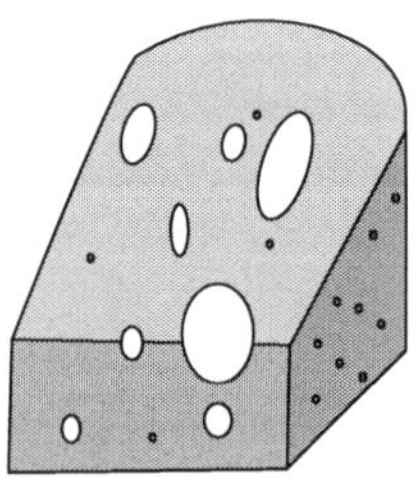

Kä	4
Kö	1
Kü	10

10 blau

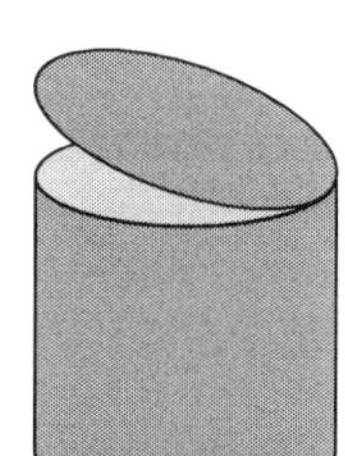

Da	5
De	2
Do	9

11 gelb

Eu	3
Ei	6
Au	12

12 rot

Ka	1
Ku	10
Ke	11

Kontroll-Mandala

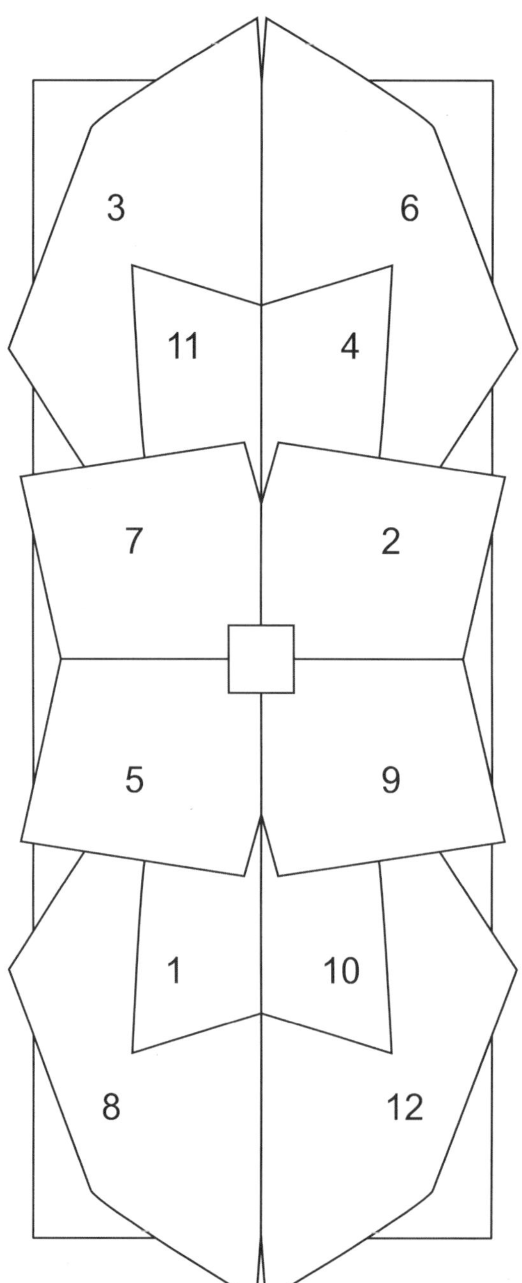

10. Finde auch hier die Anfangssilbe!

Was siehst du auf den Bildern? Sprich die Wörter laut aus. Umkreise bei jeder Aufgabe die gesuchte Anfangssilbe und die dazugehörige Lösungszahl. Suche dann im Mandala zu jeder Aufgabe das Feld mit der richtigen Zahl. Male es in der angegebenen Farbe aus!

1 blau

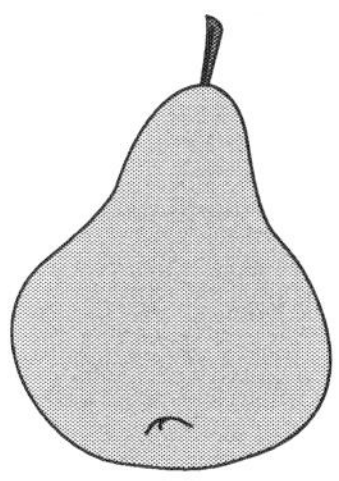

Bar	9
Bur	1
Bir	5

2 gelb

Man	11
Mon	7
Mun	4

3 rot

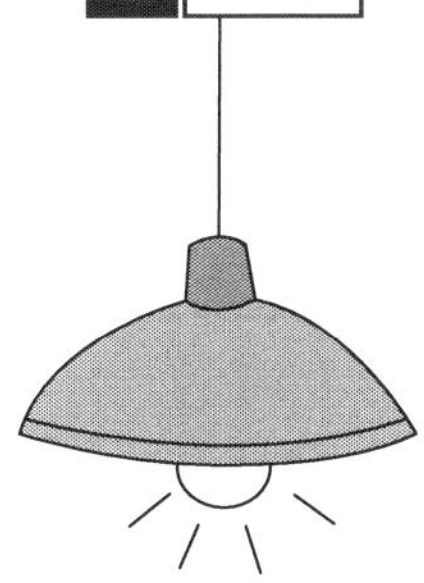

Lem	8
Lam	10
Lum	3

4 blau

Tor	9
Tur	1
Tar	2

5 gelb

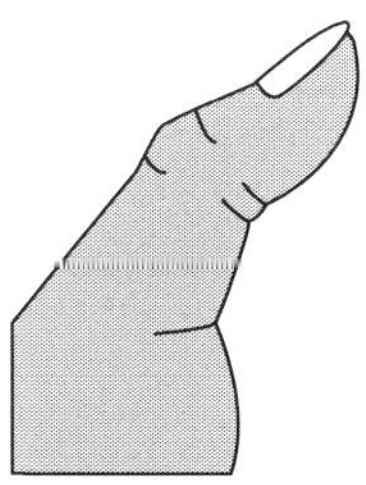

Die	6
Dau	7
Deu	4

Kontroll-Mandala

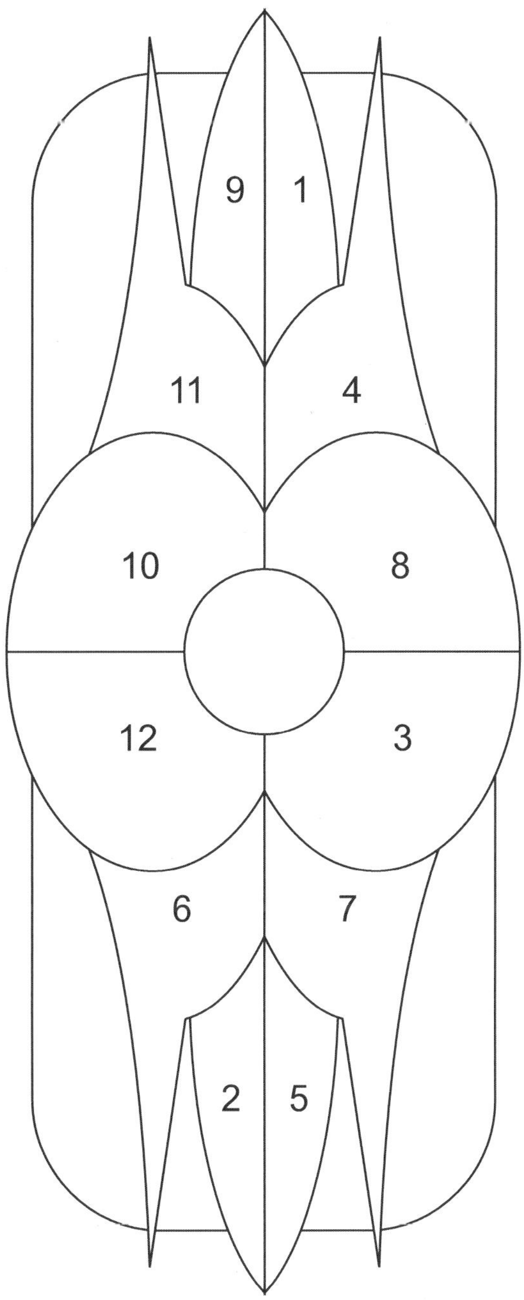

6 rot

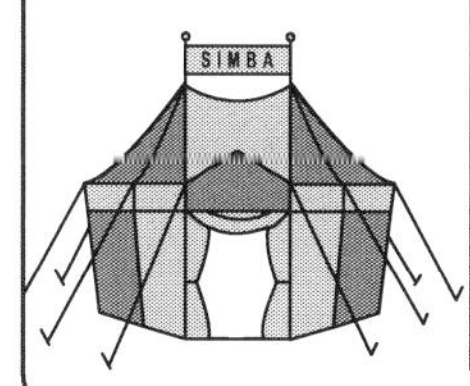

Zar	8
Zer	12
Zir	3

7 blau

Kak	1
Kek	2
Kuk	5

8 gelb

Pen	6
Pin	4
Pon	11

9 rot

Fau	10
Fei	12
Feu	8

10 blau

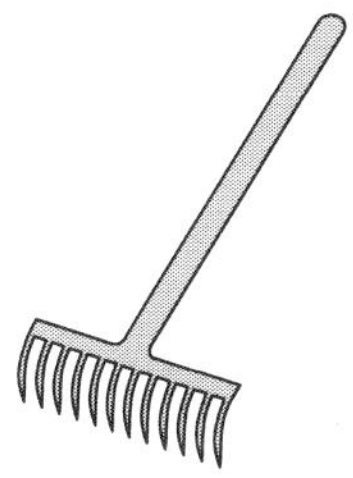

Har	2
Hor	5
Hur	9

11 gelb

Dal	7
Dil	11
Del	6

12 rot

Bla	10
Blu	12
Ble	3

11. Finde die Endsilbe!

Sprich laut aus, was du auf den Bildern siehst. Suche dann im Lösungs-Schlüssel zu jeder Aufgabe die passende Endsilbe. Schreibe die Lösungszahl in den Kreis links unter dem Bild. Suche anschließend im Mandala das Feld mit der richtigen Zahl und male es in der angegebenen Farbe aus.

1 blau

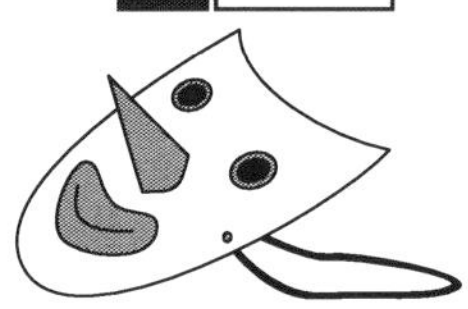

(8) Mas___

2 gelb

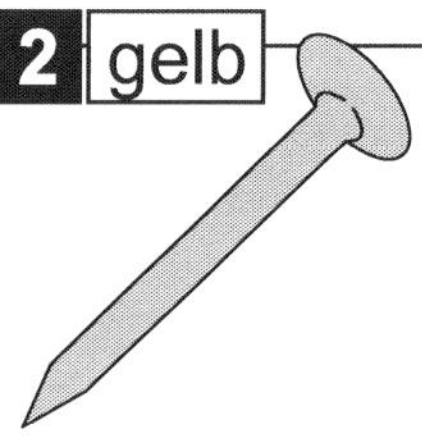

Na___

3 grün

O___

4 blau

Ze___

5 gelb

Au___

6 grün

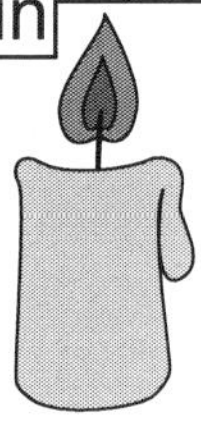

Ker___

7 blau

Pal___

8 gelb

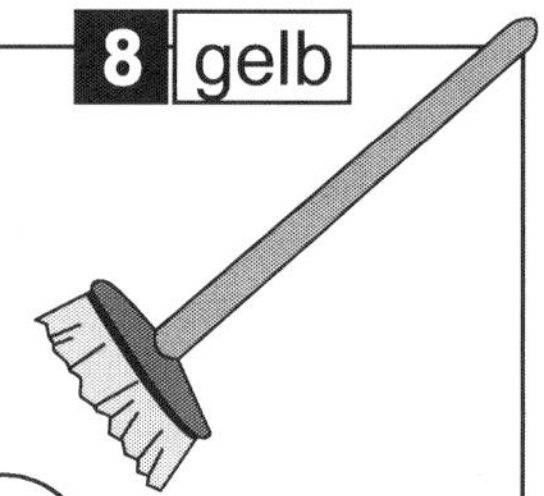

Be___

9 grün

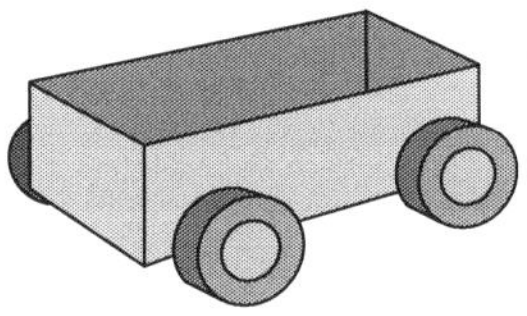

Wa___

10 blau

Teu___

11 gelb

En___

12 grün

Sei___

Lösungs-Schlüssel

bra 10	fe 11	fel 7	fen 4
gel 3	gen 9	ke 8	me 2
sen 12	te 6	to 1	ze 5

Kontroll-Mandala

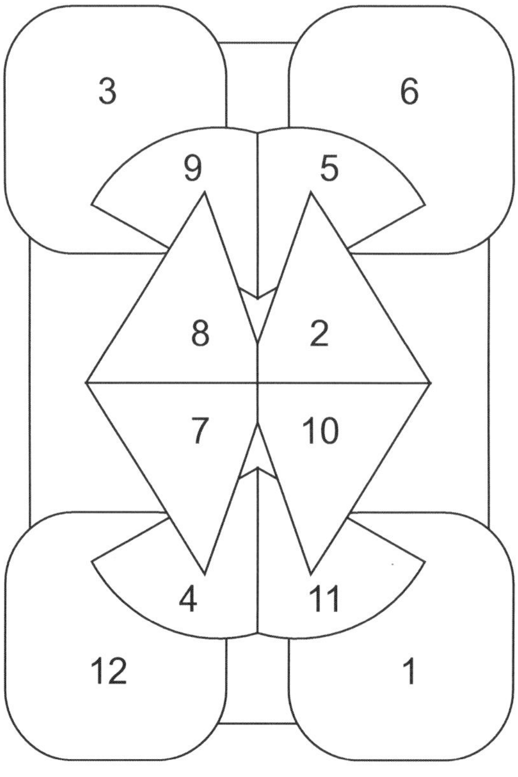

12. Finde auch hier die Endsilbe!

Sprich laut aus, was du auf den Bildern siehst. Suche dann im Lösungs-Schlüssel zu jeder Aufgabe die passende Endsilbe. Schreibe die Lösungszahl in den Kreis links unter dem Bild. Suche anschließend im Mandala das Feld mit der richtigen Zahl und male es in der angegebenen Farbe aus.

1 blau

◯ Zie__

2 gelb

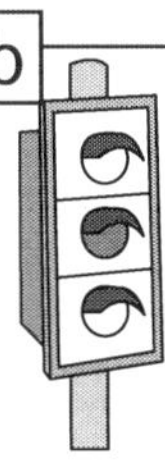

◯ Am__

3 grün

◯ Da__

4 blau

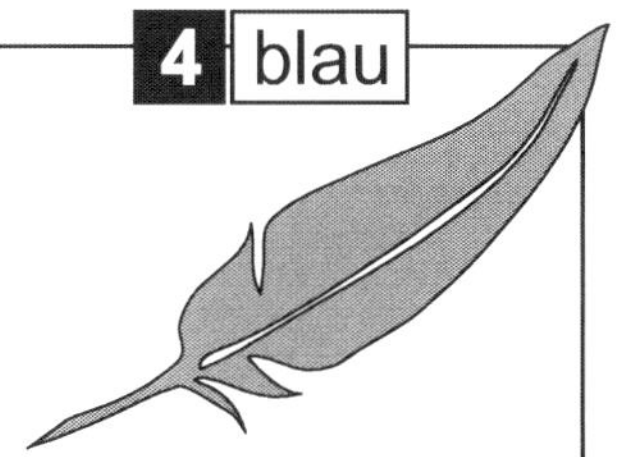

◯ Fe__

5 gelb

◯ Kro__

6 grün

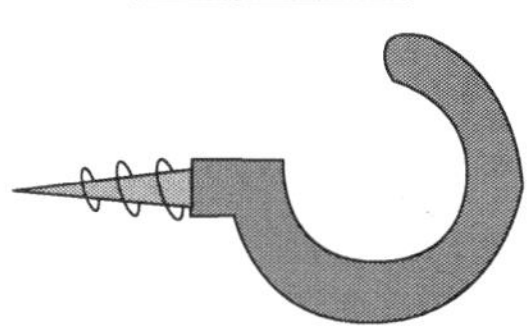

◯ Ha__

7 blau

◯ Ma__

8 gelb

◯ Pa__

9 grün

◯ I__

10 blau

◯ Blu__

11 gelb

◯ Glo__

12 grün

◯ E__

Lösungs-Schlüssel

bus 1	der 5	ge 6	gel 2
ken 10	ket 3	ler 12	me 11
ne 4	pel 9	se 8	sel 7

Kontroll-Mandala

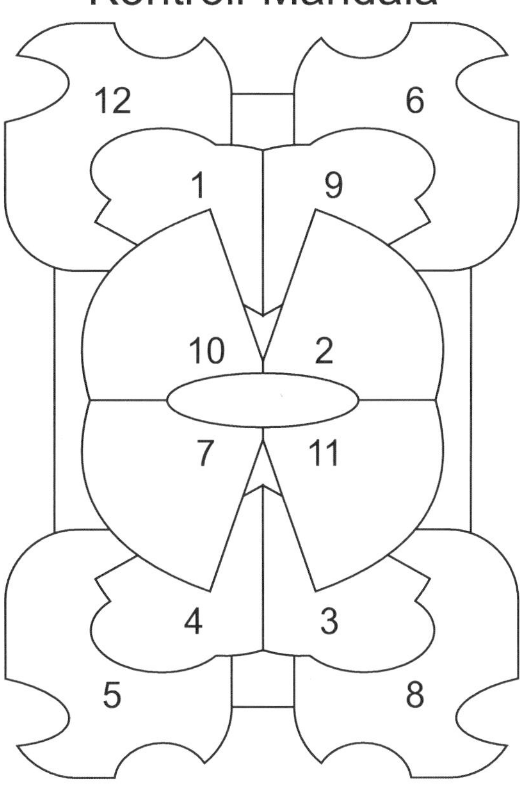

13. Finde das Wort zum Bild!

Was siehst du auf den Bildern? Sprich die Wörter laut aus. Umkreise bei jeder Aufgabe das gesuchte Wort und die dazugehörige Lösungszahl. Suche dann im Mandala zu jeder Aufgabe das Feld mit der richtigen Zahl. Male es in der angegebenen Farbe aus!

1 blau

Zunge	9	Zange	6
Zebra	2	Zahl	12

2 gelb

Wagen	1	Wiese	3
Wolke	8	Wurst	11

3 rot

Ring	4	Raupe	5
Rasen	7	Rose	10

4 blau

Tafel	2	Turm	12
Tanne	6	Tasse	9

5 gelb

Pause	11	Puppe	3
Palme	8	Punkt	1

6 rot

Harke	4	Haken	10
Hand	7	Hose	5

7 blau

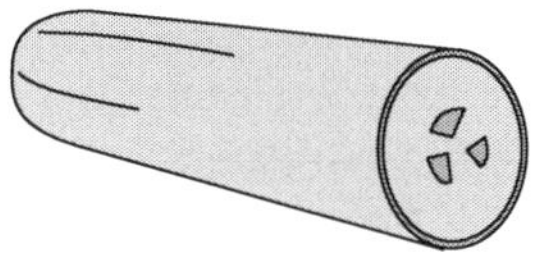

Glas	2	Geige	9
Gurke	6	Gabel	12

8 gelb

Fahne	8	Faust	1
Frage	3	Faden	11

9 rot

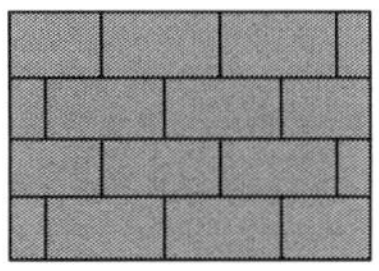

Mauer	10	Mantel	7
Maus	4	Möwe	5

10 blau

Seife	2	Sofa	9
Sonne	12	Salz	6

11 gelb

Beule	3	Bluse	1
Bett	11	Blume	8

12 rot

Ente	5	Engel	7
Esel	4	Eis	10

Kontroll-Mandala

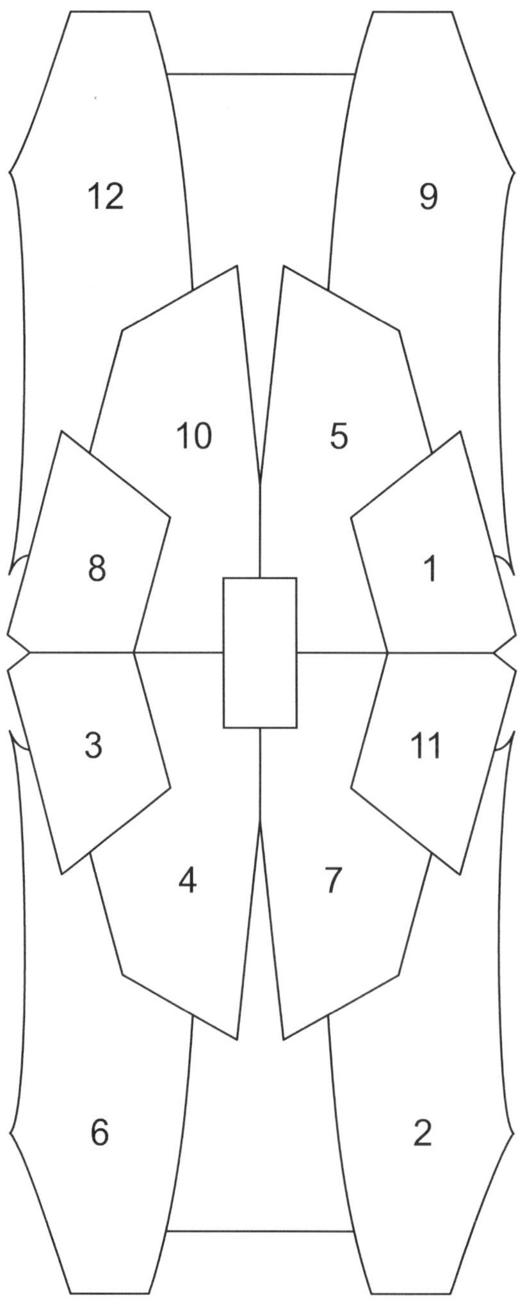

14. Finde auch hier das Wort zum Bild!

Was siehst du auf den Bildern? Sprich die Wörter laut aus. Umkreise bei jeder Aufgabe das gesuchte Wort und die dazugehörige Lösungszahl. Suche dann im Mandala zu jeder Aufgabe das Feld mit der richtigen Zahl. Male es in der angegebenen Farbe aus!

1 blau

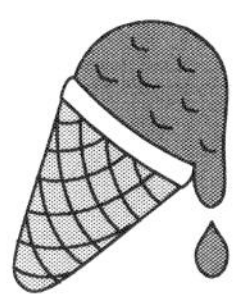

Eimer	1	Ente	5
Elch	12	Eis	11

2 gelb

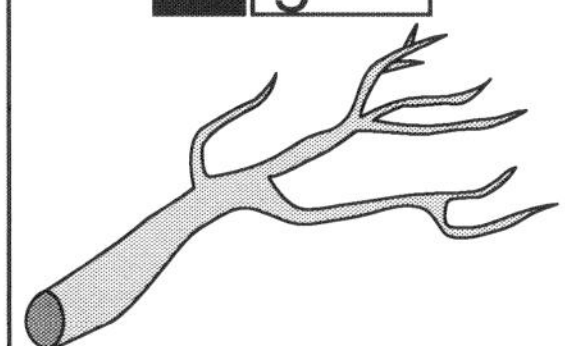

Ast	7	Arm	4
Auge	6	Auto	9

3 rot

Faust	10	Fuchs	2
Film	3	Fuß	8

4 blau

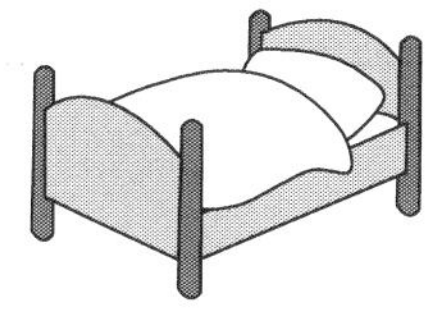

Berg	11	Ball	1
Bett	12	Buch	5

5 gelb

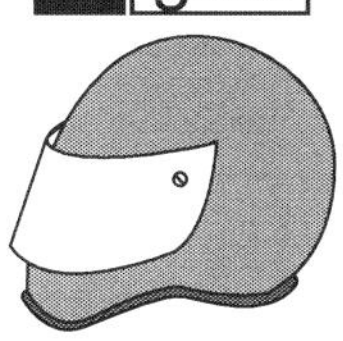

Helm	4	Hand	9
Haus	7	Hund	6

6 rot

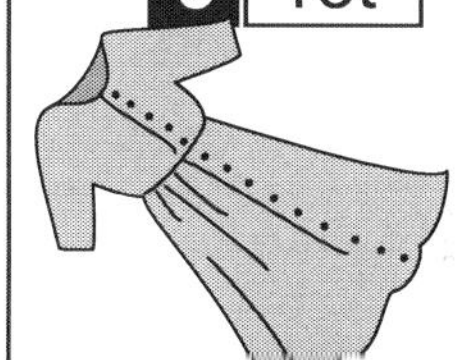

Kind	2	Kern	8
Kleid	3	Kamm	10

Kontroll-Mandala

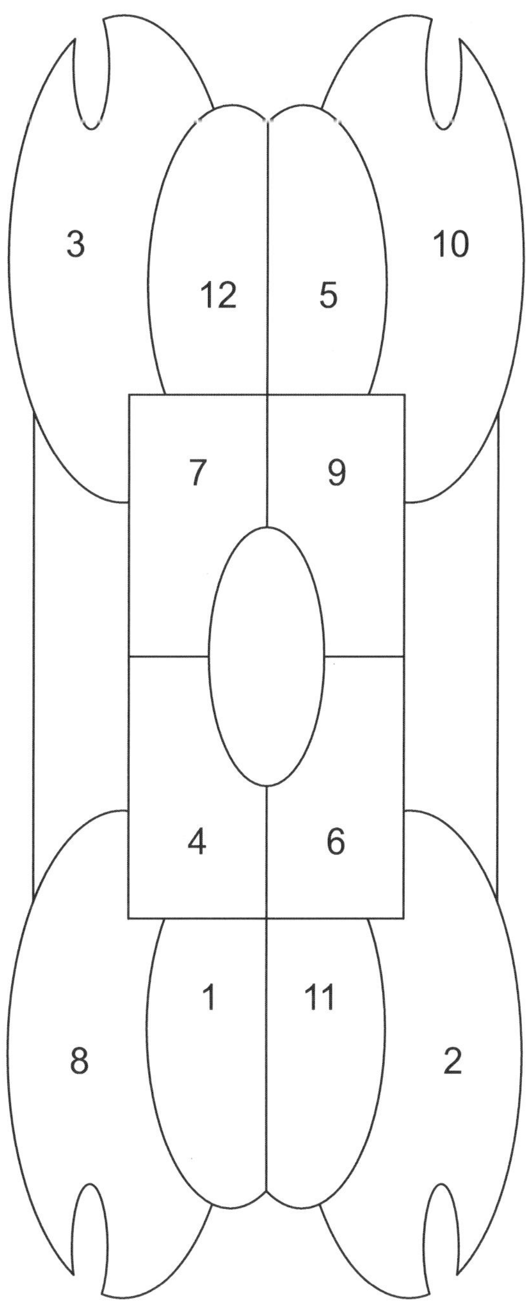

7 blau

Gurt	12	Gans	5
Gabel	1	Geld	11

8 gelb

Land	4	Licht	6
Laus	7	Lamm	9

9 rot

Null	10	Nacht	2
Nest	8	Note	3

10 blau

Tür	1	Ton	11
Turm	5	Tube	12

11 gelb

Mann	4	Mond	7
Mund	9	Maus	6

12 rot

Salz	2	Sieb	10
Seil	3	Sand	8

15. Lesewörter mit K

Sprich laut aus, was du auf den Bildern siehst. Suche dann im Lösungs-Schlüssel zu jeder Aufgabe das passende Wort. Schreibe die Lösungszahl in den Kreis links unter dem Bild. Suche anschließend im Mandala das Feld mit der richtigen Zahl und male es in der angegebenen Farbe aus.

1 blau

2 gelb

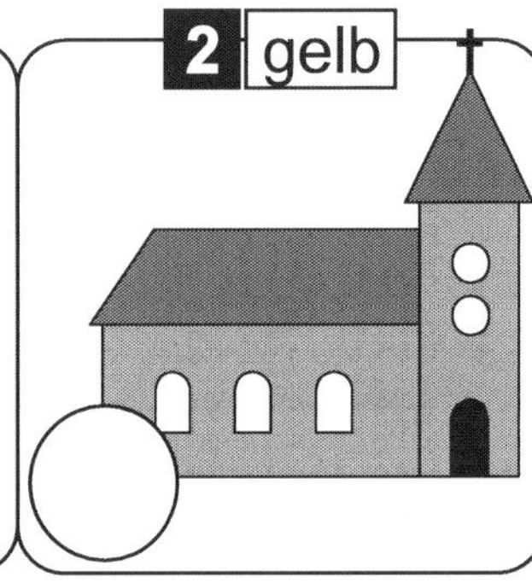

3 grün

4 blau

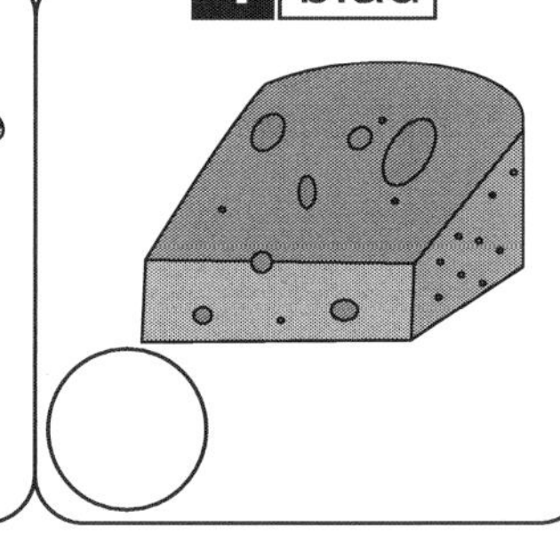

5 gelb

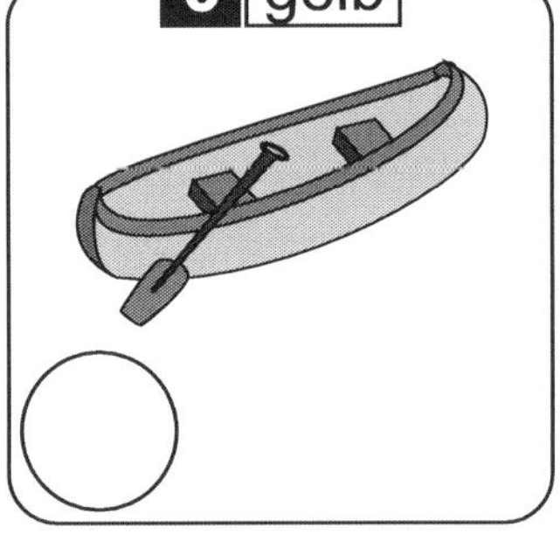

6 grün

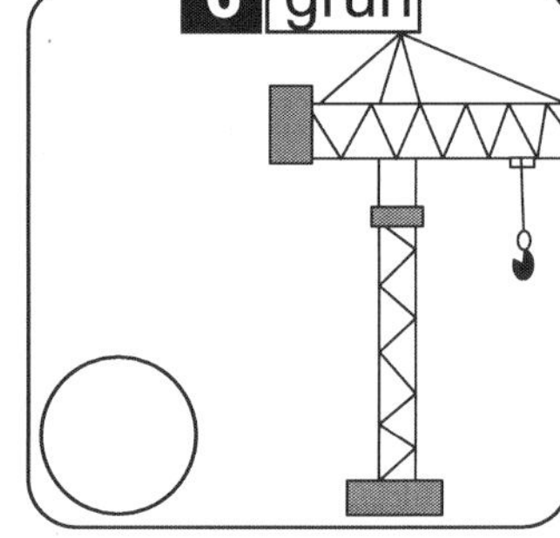

Lösungs-Schlüssel

Kaktus	5	Kamel	8
Kamm	4	Kanne	2
Kanu	7	Käse	9
Kasse	3	Katze	11
Kerze	12	Kirche	1
Kran	6	Krone	10

7 blau

8 gelb

Kontroll-Mandala

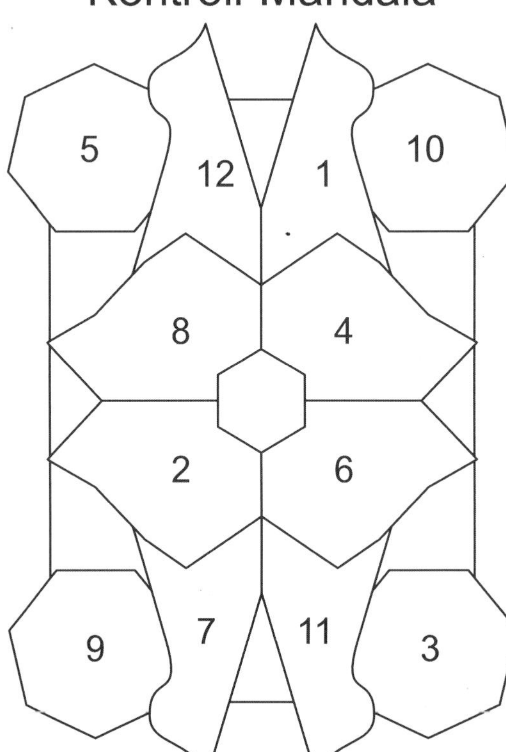

9 grün

10 blau

11 gelb

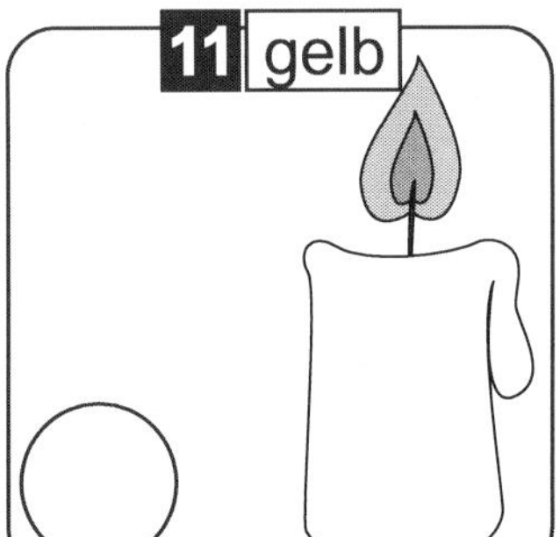

12 grün

WILLKOMMEN im
Buch, das verschwinden wird!

Die meisten Bücher sind dazu da, gelesen zu werden. Aber dies ist kein gewöhnliches Buch.

Dies ist ein Buch, das sich in zahlreiche Umweltprojekte verwandelt, um dich zum Nachdenken über unseren Planeten zu inspirieren, den wir alle unser Zuhause nennen.

Du willst mehr reduzieren, wiederverwenden und recyclen?

Dieses Buch will nicht nur, dass du darüber liest.

Lass dieses Buch verschwinden fordert dich dazu auf, auch etwas dafür zu TUN.

Jede Seite, sogar der Umschlag, lässt sich zerschneiden, falten, zerreißen und wiederverwenden, um daraus zahlreiche interessante Projekte zu kreieren – von Pflanzgefäßen über Papier mit Pflanzensamen bis hin zu Umweltabzeichen.

Außerdem findest du hier Öko-Quizze und Naturspiele, Anbauprojekte und Bio-Rezepte, Insektenhotels und Plastik-Checklisten.

Und vergiss nicht, den umweltfreundlichen Kleber herzustellen – das Rezept findest du hinten auf der Klappe vom Umschlag.

VERGISS NICHT, DIESE SEITE ZU RECYCELN! Mache daraus Zimmer für das Insektenhotel von Projekt 15.

BAUE EIN WURMGLAS

und recycle Lebensmittelabfälle

1

Umblättern, um eine Abdeckung zu basteln.

Anstatt die Müllreste auf die Mülldeponie zu bringen, setze sie den Würmern aus! Recycle auf gesunde, grüne Art.

Du brauchst

Besprich mit deiner Familie, ob ihr eine große Wurmkiste bauen wollt. Die Kompostierung ALLER Abfälle macht einen großen Unterschied.

Baue ein Mini-Wurmglas

1 Gib Kies in ein Gefäß. Füge dann eine Schicht Erde und danach Sand hinzu.

2 Schichte mehr Erde und Sand hinein. Lass ein wenig Wasser darauftropfen.

3 Gib drei, vier Würmer, ein paar Blätter und Gemüsereste hinzu.

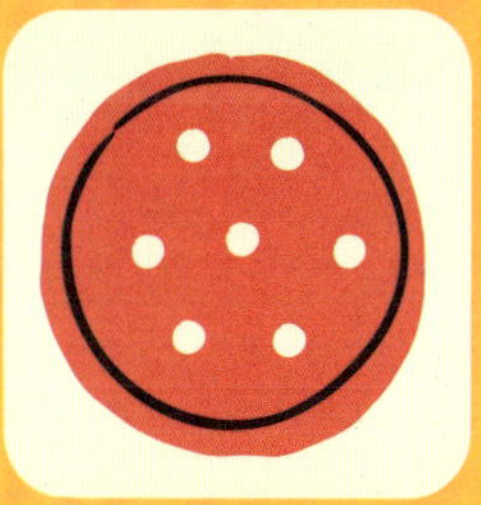

4 Bitte einen Erwachsenen, einige Löcher in den Deckel des Glases zu machen.

5 Das Glas kühl und dunkel aufbewahren. Verwende die Rückseite als Abdeckung.

Seite um das Wurmglas wickeln, um es dunkel und kühl zu halten. Für Halt Schlitze einschneiden und ineinanderschieben.

WEITERGEBEN UND TEILEN

und weniger verschwenden

2

Umblättern, um ein Lesezeichen zum Teilen auszuschneiden.

Lade Freunde ein, ein Spiel mitzubringen, und tauscht dann.

Wenn du das nächste Mal etwas wegwerfen willst, denke zuerst nach. Wer könnte das gebrauchen? Tausche Bücher, Spielzeug und Spiele mit Freunden, um nicht zu viele neue Dinge zu kaufen. Recycling macht Spaß und hilft, unseren Planeten zu retten.

Passen die Schuhe nicht mehr? Gib sie weiter!

Gib ein Buch mit einem besonderen Lesezeichen weiter.

Entfliehe in mein Lieblingsbuch!
Lies das und erzähle mir, wie du es fandest!
Verlier dich ... in dieser grandiosen Erzählung!
Tauche ein in diese spannende Geschichte!
Entspanne dich und genieße dieses tolle Buch!
Dieser Thriller verspricht Gänsehaut pur!

VERZICHTE AUF PLASTIK

und schütze die Meeresbewohner

3

Umblättern für eine plastikfreie Herausforderung!

Leider verwechseln Schildkröten Plastik oft mit Nahrung und verspeisen es.

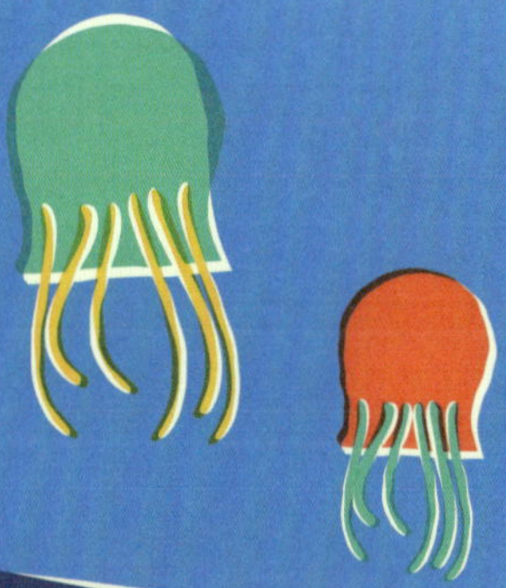

Millionen Tonnen Plastik werden aus Flüssen und Stränden in die Ozeane gespült. Vermeide Plastik, um unsere Tierwelt zu schützen.

Wenn ein Wal Wasser schluckt, um Fische zu fangen, wird auch Plastik aufgenommen, das den Darm verstopft.

Fünf Wege, um Plastik zu vermeiden

1 Kaufe keine Plastikflaschen, sondern nutze wiederverwendbare.

2 Nimm eine wiederverwendbare Tasche zum Einkaufen.

3 Sag NEIN zu Plastikstrohhalmen. Verwende welche aus Papier oder einfach gar keine!

4 Bitte deine Familie, Obst und Gemüse ohne Plastikverpackung zu kaufen.

5 Denke daran: keine Plastikfolie oder Plastikbeutel fürs Pausenbrot.

Eine plastikfreie Herausforderung!

Hänge diese Checkliste zu Hause auf.

✓ JA!	✗ NEIN!
Bambuszahnbürste	Plastikzahnbürste
Seifenstück	Flüssigseife in Plastikflasche
Loses Gemüse	Plastikbehälter mit Gemüse
Wiederverwendbare Beutel	Wegwerf-Beutel
Glas- oder Metallstrohhalme	Plastikstrohhalm
Wiederverwendbare Flaschen	Plastikflaschen

Du kannst deinen Beitrag leisten und den Meeresbewohnern helfen!

WOCHE 1 Plastik-Checkliste

Plastikartikel	Wie viele gibt es zu Hause?
Zahnbürste	....
Seifenflasche	....
Beutel	....
Strohhalme	....
Kübel	....
Flaschen	....

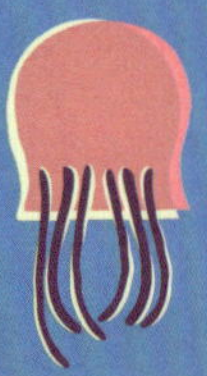

Zähle die Plastikteile.
Kannst du etwas verändern?

WOCHE 4 Plastik-Checkliste

Plastikartikel	Wie viele gibt es zu Hause?
Zahnbürste	....
Seifenflasche	....
Beutel	....
Strohhalme	....
Kübel	....
Flaschen	....

Zähle nach 4 Wochen nach.
Hast du etwas bewirkt?

BAUE SELBST AN

und spare Lebensmittelmeilen ein

Tagtäglich wird Obst von einem Ort zum anderen gebracht. Durch den Transport werden schädliche Gase in die Atmosphäre freigesetzt.

In den meisten Ländern haben Erdbeeren nur ein paar Monate im Jahr Saison. Der Rest kommt aus dem Ausland. Pflanze deine eigenen an und hilf, die Luft sauber zu halten.

Finde heraus, wann bei dir zu Hause die beste Zeit ist, Erdbeeren anzubauen.

Zieh Erdbeeren in der Pflanztasche heran!

Du brauchst

Erdbeerpflanzen

Schere

Leinentasche

Kompost

1 Bitte einen Erwachsenen, Schlitze in Boden und Seiten der Tasche zu machen. Kompost hinzufügen.

2 Setze in jeden Schlitz eine Pflanze und drücke die Blätter durch die Schlitze.

3 Die letzten beiden Pflanzen oben einsetzen und die Wurzeln mit Erde bedecken. Gut wässern.

4 Stelle die Tasche an einen sonnigen Ort und gieße regelmäßig.

Erdbeer-Slushie

Du brauchst

1 TL Zucker

3 Eiswürfel

Saft einer halben Zitrone

ein Zweig Minze

125 g Erdbeeren

1. Vermixe Erdbeeren, Eiswürfel, Zitronensaft und Zucker in einem Standmixer.
2. Im Lieblingsglas servieren und mit einem Zweig Minze dekorieren!

Erdbeer-Milchshake

Du brauchst

250 g Erdbeeren

1 TL Honig

375 ml Milch

1. Alle Zutaten in einen Standmixer geben und mixen.
2. In ein Glas gießen und mit einer Erdbeere garnieren.

Erdbeeren mit Sahne

Du brauchst

Erdbeeren

Schlagsahne

Zucker

1. Die Blätter von den Erdbeeren entfernen und Beeren halbieren.
2. In eine Schüssel geben, Sahne darauf verteilen.
3. Zuletzt mit etwas Zucker bestreuen.

Erdbeereis am Stiel

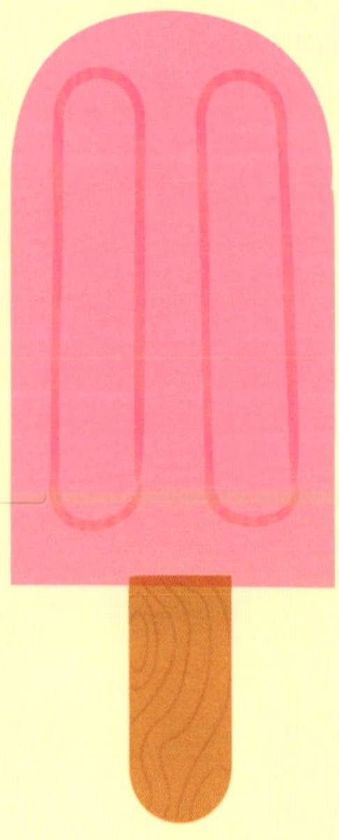

Du brauchst

65 g Erdbeeren

Eisstiel

1 TL Zucker

1 Becher Naturjoghurt

1. Vermixe alle Zutaten in einem Mixer.
2. In eine wiederverwendbare Form füllen und Stiel hineinstecken.
3. Über Nacht einfrieren. Aus der Form drücken!

DREHE AB
und spare Strom

5
Umblättern, um einen Fächer zu basteln.

Du musst nicht immer die Heizung oder Klimaanlage einschalten. Es gibt Alternativen, um warm zu bleiben oder abzukühlen, ohne Strom zu verschwenden.

Lass dich von einem warmen Getränk wärmen.

Um ein Getränk kalt zu halten, gib Eiswürfel dazu.

Drehe die Heizung nicht auf

1 Ziehe stattdessen einen dicken Pulli und Socken an.

2 Schließe die Fenster, um Zugluft zu vermeiden.

Drehe die Klimaanlage nicht auf

1 Die Jalousien schließen, um die Hitze abzuhalten.

2 Sorge mit einem selbst gebastelten Fächer für eine kühle Brise.

Bastele einen Fächer

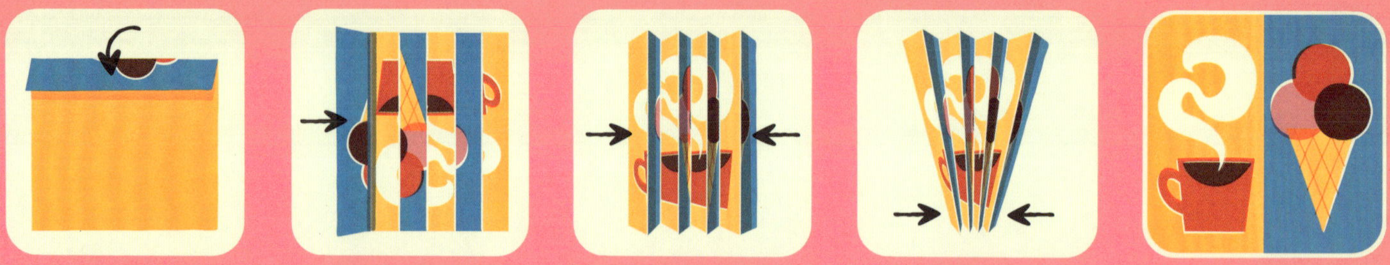

1 Schneide die Vorlage aus und falte entlang der ersten Linie.

2 Drehe das Blatt um und falte im gleichen Abstand.

3 Erneut umdrehen und falten, den Vorgang mehrmals wiederholen.

4 Am Ende zusammendrücken und fächern.

5 Kannst du das Motiv auf beiden Seiten erkennen?

NICHT WEGWERFEN! Bewahre die Anleitung auf, um weitere Fächer aus Papier zu basteln.

DREHE DIE LICHTER AUS

und stoppe Lichtverschmutzung

6
Umblättern, um Hinweise zu basteln.

Nachts leuchten Lichter über Städten und erhellen das Umland. Das verwirrt Tiere, die sich durch die Dunkelheit schützen.

Manche Tiere orientieren sich am Mondlicht, um den richtigen Weg zu finden.

Nachts sollten die Lichter ausgeschaltet sein.

So werden Tiere in der Stadt vom Licht beeinflusst

Motten orientieren sich am Mondlicht. Verwirrt fliegen sie stattdessen in Richtung der Lichter der Stadt.

Laubfrösche paaren sich nur im Dunkeln. Bei zu viel Licht kommt es also zu keiner Fortpflanzung.

Wühlmäuse verstecken sich im Dunkeln vor Feinden. Durch viel Licht werden sie leichter entdeckt.

Schildkröten nutzen das Mondlicht, um nach dem Schlüpfen vom Strand ins Meer zu finden. Stattdessen steuern sie in Richtung Stadt.

Gib diese Nachricht an Freunde und Familie weiter, um sie zu bitten, nachts die Lichter auszuschalten. Verwende diesen Hinweis als eigene Erinnerung.

Für PaPa

Bitte vergiss nicht, Lampen im Büro nachts auszuschalten. Lichtverschmutzung verwirrt Tiere.

Für..............................

Licht bei Nacht ist Stromverschwendung und gefährlich für die Tiere.
Bitte ausschalten!

Für..............................

Rette die Tiere! Schalte die Lichter aus und hilf, nächtliche Finsternis zurückzubringen.

Für..............................

Schalte die Lichter aus, damit es nachts wieder dunkel ist. Das ist sicherer für die Tiere.

Für..............................

Beende Lichtverschmutzung und Stromverschwendung. Bitte schalte die Bürobeleuchtung nachts aus!

Für..............................

Bitte schalte das Licht aus – für die Sicherheit der Tiere.

Für..............................

Für die Sicherheit von Tieren in der Nacht. Schalte das Licht ab, wenn du das Büro verlässt.

7
Umblättern, um diese Seite upzucycelen.

UPCYCELN
und Müll vermeiden

Wirf das alte Rad nicht weg, sondern lass es reparieren und male es neu an.

Alte Gläser wiederverwenden. Es dauert eine Million Jahre, bis Glas verrottet!

Recyceln ist gut, aber Upcyceln noch besser! Gestalte alte Dinge in neue um, anstatt sie wegzuwerfen.

Erwecke alte Dinge durch Reparieren und Verzieren zu neuem Leben.

Alte Stiefel lassen sich in Blumentöpfe umfunktionieren!

Aus Alt mach Neu

1 Wirf alte Lieblingsstücke nicht weg, sondern verschönere sie mit Bildern.

2 Auf der Rückseite findest du lustige Bilder zum Ausschneiden.

3 Frage um Hilfe zur Herstellung des umweltfreundlichen Klebers (Rezept auf der Umschlagseite).

4 Klebe die Bilder mit viel Klebstoff auf deine „Schätze".

5 Gib mehr Kleber über die Bilder, um diese zu verhärten. Über Nacht trocknen lassen.

EIN PICKNICK,
das dem Planeten nicht schadet

8

Umblättern, um Einladungskarten zu basteln.

1 Wähle einen zentralen Ort, der zu Fuß oder mit dem Rad erreichbar ist.

2 Verzichte auf Plastikverpackungen.

3 Verwende wiederverwendbare Flaschen, Geschirr und Besteck.

4 Lade Freunde ein und weise sie auf umweltfreundliches Verhalten hin.

5 Mache sauber und nimm deinen Müll mit nach Hause.

Einladung zum

PICKNICK

Datum .... Zeit ....

Spaziere oder radle zu ....

....

Bitte packe für ein
umweltfreundliches Picknick!

Einladung zum

PICKNICK

Datum .... Zeit ....

Spaziere oder radle zu ....

....

Bitte packe für ein
umweltfreundliches Picknick!

Einladung zum

PICKNICK

Datum ....

Zeit ....

Spaziere oder radle zu ....

....

Bitte packe für ein umwelt-
freundliches Picknick!

Einladung zum

PICKNICK

Datum .... Zeit ....

Spaziere oder radle zu ....

....

Bitte packe für ein
umweltfreundliches Picknick!

Einladung zum

PICKNICK

Datum .... Zeit ....

Spaziere oder radle zu ....

....

Bitte packe für ein
umweltfreundliches Picknick!

Einladung zum

PICKNICK

Datum .... Zeit ....

Spaziere oder radle zu ....

....

Bitte packe für ein
umweltfreundliches Picknick!

PFLANZE EINEN BAUM

und verlangsame die Klimaerwärmung

Umblättern, um Pflanzenschilder zu basteln.

Wenn jeder Mensch auf der Erde nur einen Baum pflanzen würde, würde das die Klimaerwärmung weltweit bremsen.

Ein Bäumchen pflanzen

1. Gib etwas Kies auf den Boden eines Topfes und fülle Erde darauf.
2. Die Samen eine halbe Fingerlänge in die Erde drücken und wässern.
3. Den Topf draußen in eine schattige Ecke stellen und einmal pro Woche gießen.
4. Wenn das Pflänzchen größer wird, in einen größeren Topf umtopfen.
5. Pflanze es in den Garten ein und schau ihm beim Wachsen zu!

Ich bin ein Klimaheld, weil ich ....pflanze!

Ich bekämpfe die Erderwärmung, indem ich ....pflanze!

Durch den Anbau von..reduziere ich Kohlenstoff!

Der Anbau von...reinigt die Luft!

Ich bewahre unsere Erde, indem ich...anbaue!

Ich schütze unseren Planeten, indem ich...pflanze!

WERDE WILDTIER-PATE

und schütze dessen Lebensraum

Umblättern, um das Gesicht eines Tigers zu basteln.

Viele Tiere sind vom Aussterben betroffen. Menschen können für diese Patenschaften annehmen, um sie zu schützen. Bitte einen Erwachsenen, dir bei der Recherche zu helfen.

Indem du eine Patenschaft für einen Tiger übernimmst, kannst du dazu beitragen, dass seine Heimat, der Regenwald, nicht abgeholzt wird.

Wer einen Eisbär unterstützt, schützt ihn davor, gejagt zu werden.

Bastele zu Ehren bedrohter Tierarten ein Origami-Tiger-Gesicht

1 Blättere um und schneide das Papierquadrat aus.

2 Das Papier mittig falten, sodass das Tigergesicht oben ist.

3 Blatt drehen und die rechte und linke Ecke nach unten falten.

4 Die beiden unteren Ecken nach oben klappen, um Ohren zu erhalten.

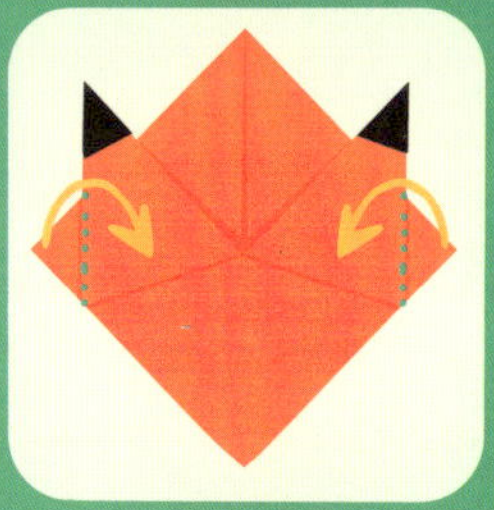

5 Die beiden Klappen rechts und links nach innen falten.

6 Umdrehen, damit das Gesicht zu sehen ist.

7 Die untere Ecke nach oben über die Nase falten.

8 Für die Nasenspitze eine kleine Klappe nach unten falten.

9 Die obere Ecke nach hinten klappen.

10 Stelle den Tiger auf, um dich zu erinnern, den Tieren zu helfen.

NICHT WEGWERFEN! Behalte die Anleitung, um weitere Gesichter von gefährdeten Tieren aus recyceltem Papier zu basteln.

11

Umblättern, um eine Trompete zu basteln.

RECYCLE MÜLL

und mache Musikinstrumente daraus

Wirf deinen Müll nicht einfach weg, sondern mache etwas anderes wie Musikinstrumente daraus und gründe eine Band!

Verwende alte Deckel als Becken und klopfe darauf.

Musik aus dem Marmeladenglas

1 Alte Glasflaschen und Glasgefäße auswaschen.

2 In jeden Behälter eine andere Menge an Wasser geben.

3 Mit einem Holzlöffel auf die Gläser schlagen, um Töne zu erzeugen.

4 Färbe das Wasser mit verschiedenen Farben, so kannst du eine Melodie nach Farben spielen.

Schneide die Vorlagen aus, um drei Trompeten herzustellen.

Wirf die kleinen Papierreste nicht weg, sondern verwende sie für andere Projekte in diesem Buch.

Bastele Trompeten für deine Müll-Band

1 Schneide die Kegelform aus und klebe die Enden zusammen.

2 Die Röhren auf der Umschlaginnenseite ausschneiden. Schlitze einschneiden.

3 Zu einer Röhre rollen und festkleben. Laschen zurückbiegen.

4 Jedes Rohr durch einen Kegel schieben. Festkleben.

5 Die Trompeten an Freunde verteilen – legt los!

NICHT WEGWERFEN! Bewahre die Anleitung auf, um mehr Trompeten aus recyceltem Karton zu basteln.

PFLANZE APFELBÄUME

und rette das Leben von Bienen

12

Umblättern, um eine Pflanz-schale zu basteln.

Bienen sind sehr wichtig. Sie helfen bei der Bestäubung eines Drittels unserer Nutzpflanzen. Aber übermäßige Bebauung und Landwirtschaft bedeuten, dass es weniger Land für Blumen gibt, die Bienen als Nahrung brauchen.

Apfelbäume wachsen am besten an einem sonnigen, geschützten Ort.

Es macht Spaß, einen Apfelbaum aus Samen zu züchten. Aber es dauert mehrere Jahre, bis er Äpfel trägt.

Bienen lieben Apfelblüten. Aus dem süßen Nektar machen sie Honig.

Falte eine Pflanzschale zum Einpflanzen von Apfelsamen.

1 Umblättern und Papier ausschneiden. Falte das Papier und entfalte es wieder.

2 Jede Ecke nach innen falten, um ein kleineres Viereck zu erhalten.

3 Obere und untere Kante zur Mitte falten und wieder entfalten.

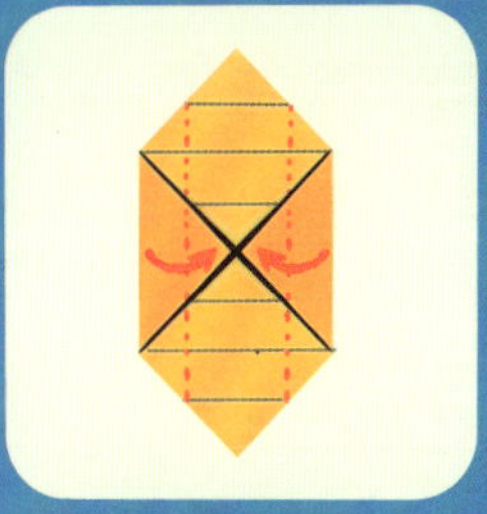

4 Obere und untere Klappe öffnen. Die beiden Seiten zur Mitte hin falten.

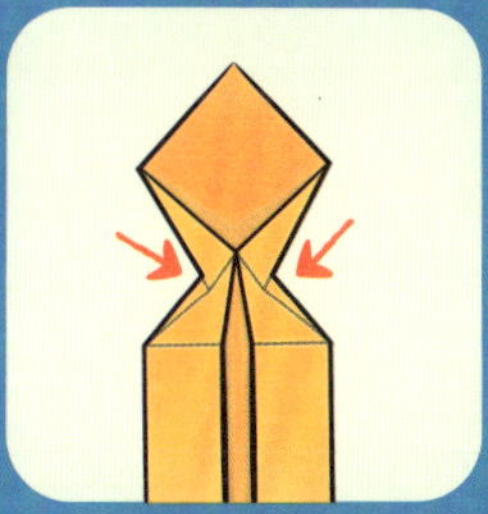

5 Die beiden seitlichen Öffnungen nach unten ziehen und Dreiecke zusammendrücken.

6 Die Faltung glatt streichen, um die Schachtelseiten zu formen.

7 Die Seiten nach oben und auseinanderziehen.

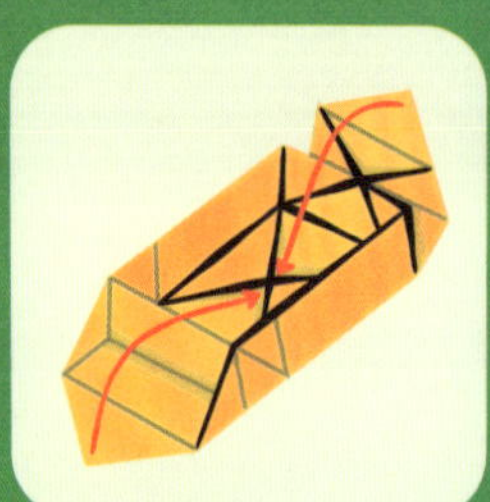

8 Ein Ende nach oben und über die Seite falten. Enden hineinstecken.

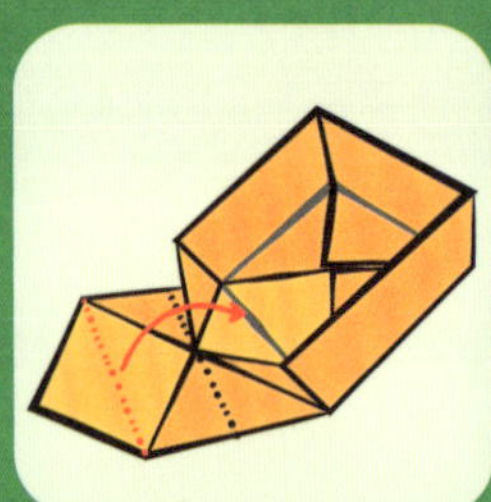

9 Diesen Vorgang mit dem anderen Ende wiederholen, um die Box zu schließen.

10 Verwende die Schale, um Samen zu pflanzen. Gießen nicht vergessen!

NICHT WEGWERFEN! Bewahre diese Anleitung auf, um weitere Pflanzschalen zu basteln. Du kannst jede Art von Samen anbauen.

EINE MÜLLAKTION

organisieren und Gemeinschaftsflächen säubern

13

Umblättern für Einladungen zur Müllaktion.

Müllhelden versammelt euch! Wir haben nur ein Zuhause, also lasst uns dieses sauber halten. Veranstalte eine Müllaktion, um Umweltverschmutzung vorzubeugen.

Abfälle enthalten schädliche Chemikalien, die die Erde vergiften.

Trage zum Aufsammeln von Abfall Schutzkleidung.

Lade deine Freunde zur großen Müllaktion ein

1 Wähle einen Park, Strand oder eine Straße in deiner Umgebung.

2 Ziehe deine Superhelfer-Müllhandschuhe an.

3 Gib jedem und jeder einen Sack, in dem der Müll gesammelt werden kann.

4 Stelle die Uhr! Wer kann den Sack zuerst mit Müll füllen?

5 Den Müll sortieren und so viel wie möglich recyceln.

Einladung zum
MÜLLSAMMELN
Datum .... Zeit ....
Ort ....
Sei kein Müllmuffel!

Einladung zum
MÜLLSAMMELN
Datum .... Zeit ....
Ort ....
Aufpassen, nicht fallen lassen!

Einladung zum
MÜLLSAMMELN
Datum .... Zeit ....
Ort ....
Werde ein Müllheld!

Einladung zum
MÜLLSAMMELN
Datum .... Zeit ....
Ort ....
Ab in den Mülleimer!

Einladung zum
MÜLLSAMMELN
Datum .... Zeit ....
Ort ....
Müllhelden, vereint euch!

Einladung zum
MÜLLSAMMELN
Datum .... Zeit ....
Ort ....
Sauber halten für die Umwelt!

VAMPIRE VERJAGEN

und Strom im Haushalt sparen

Umblättern, um Erinnerungszettel zu basteln.

ACHTUNG! Es gibt Vampire bei dir zu Hause! Dies sind elektrische Geräte, die Strom ziehen – selbst wenn du sie nicht benutzt.

JAGE DAS ROTÄUGIGE MONSTER

Ein Haushalt kann bis zu 10% Strom einsparen, wenn Geräte im Stand-by-Modus ausgeschaltet werden.

Elektrische Geräte im Griff haben

1 Wenn am TV ein rotes Licht leuchtet, ist er im Stand-by-Modus. Zieh den Stecker.

2 Überprüfe auch Spielkonsolen, DVD-Player und Receiver.

3 Computer und Drucker ausschalten. Standby zieht immer noch Strom.

4 Uhren an Mikrowellen und Radios ausschalten, da sie Strom verbrauchen.

5 Geräte abstecken, sobald diese geladen sind. Und nicht über Nacht laden.

Ausschalten!
Standby frisst Energie

Voll geladen?
Ausschalten!
12:59

Nicht vergessen, auszustecken!

Tschüss, Standby!
Keine Energie vergeuden!

Nicht überladen!
Schütze den Planeten

Jage das rotäugige Monster
Zieh den Stecker vom TV!

BAUE EIN INSEKTENHOTEL

und schütze die Mini-Recycler

Umblättern, um „Zimmer" im Insektenhotel einzurichten.

Insekten bestäuben Blüten und viele von ihnen recyceln abgestorbenes Pflanzenmaterial im Boden zurück in Erde. Baue ihnen ein sicheres Zuhause!

! ACHTUNG!
Sobald Gäste eingezogen sind, das Insektenhotel nicht mehr berühren, da manche Tierchen beißen oder stechen können.

Du brauchst

Baue ein Insektenhotel

1 Bitte einen Erwachsenen, einige Dosen auszuwaschen. Achtung vor den scharfen Rändern.

2 Befülle die Blechdosen mit Rinde, Zweigen, Tannenzapfen, Blättern, Moos oder Gras.

3 Umblättern, um Papierröhren für die Bienen herzustellen. Verwende auch den Umschlag vorne.

4 Die Dosen an einen schattigen Ort stellen und auf die Gäste warten.

Schneide die Rechtecke, auch dieses hier, aus. Rolle die Rechtecke dann zu Röhren für das Insektenhotel.

SORTIERE UND RECYCLE

und entlaste Mülldeponien

Umblättern, um Schilder für Mülltrennung zu basteln.

Bitte einen Erwachsenen, elektronische Geräte zu reparieren. Ansonsten muss jeder Elektro-Laden, kaputte Geräte zurücknehmen.

Papier recyceln. Eine Tonne rettet 17 Bäume!

Wir müssen nicht alles zur Mülldeponie bringen. Recycle so viel wie nur möglich und überlege Wege zur Mülltrennung.

Recycle deine Kleidung. Es wird nur sehr wenig recycelt, obwohl fast alles wiederverwertet werden könnte.

Essensabfälle kompostieren, so werden sie auf nachhaltige Weise zersetzt.

Stelle getrennte Behälter für verschiedene Arten von Müll auf. Auf der nächsten Seite sind Schilder, um die Behälter zu beschriften.

PAPIER

Schütze die Bäume, recycle Papier.

HAUSHALTSGERÄTE

Bitte einen Erwachsenen, kaputte Geräte zu reparieren.

BIO-MÜLL

Baue einen Kompost für die ganze Familie.

BATTERIEN

Batterien fachgerecht entsorgen.

GLAS

Glas wiederverwenden oder recyceln.

KLEIDUNG

Spende alte Kleidung und gib sie weiter.

WILDSAMEN PFLANZEN

und die Schmetterlinge retten

Umblättern, um eine Tasche für Samen zu falten.

Wenn Land gerodet wird, um Nutzpflanzen anzubauen oder Häuser zu bauen, verschwinden die Blumen. Wildblumen produzieren jedoch Nektar, den Schmetterlinge trinken.

Manche Schmetterlinge helfen bei der Bestäubung, indem sie Pollen von Blume zu Blume tragen.

Raupen und Schmetterlinge sind wichtige Nahrungsquellen für Vögel und kleine Tiere.

Finde heraus, welche Blumen Schmetterlinge anziehen und züchte sie in einem Topf.

Falte eine Samentasche

1 Die Vorlage ausschneiden und mittig falten.

2 Die untere rechte Ecke bis zur Kante falten.

3 Den Vorgang links wiederholen.

4 Das vordere obere Dreieck in die Tasche stecken.

5 Fülle die Tasche mit Wildsamen und klappe die Oberseite nach unten.

NICHT WEGWERFEN! Bewahre die Anleitung auf und bastele neue Taschen für die Samen im kommenden Jahr.

RADFAHREN UND GEHEN

– lasst das Auto stehen

18

Umblättern, um „Ich-sehe-was" zu spielen.

Lasst das Auto beim nächsten Familienausflug zu Hause stehen! Autos stoßen schädliche Abgase aus, die zur globalen Erwärmung beitragen.

Zu Fuß gehen und Radfahren schadet dem Planeten weniger als Auto und Bus.

Spiele ein Suchspiel in der Natur

1 Die „Ich-sehe-was"-Zettel auf der nächsten Seite ausschneiden und in ein Glas geben.

2 Jede Person zu Fuß und auf dem Rad darf gleich viele Zettel ziehen.

3 Suche nach Dingen auf den Zetteln oder welchen, die mit dem Buchstaben beginnen.

4 Wer zuerst alles oder am meisten gefunden hat, hat gewonnen!

5 Bewahre die Zettel für den nächsten Ausflug auf!

A B C D E F
G H I J K L
M N O P Q R
S T U V W X
Y Z

FÜTTERE DIE VÖGEL

und unterstütze unser Ökosystem

19

Umblättern, um einen Origami-Vogel zu basteln.

Hänge einen Futter-Zapfen auf.

Vögel bekämpfen Schädlinge, indem sie Insekten fressen.

Vögel helfen, Samen an weit entfernte Orte zu bringen.

Viele Tiere haben Schwierigkeiten, Nahrung zu finden, wenn Land für Bebauung oder Landwirtschaft gerodet wird. Füttere die Vögel, damit die Tierwelt weiter gut gedeiht.

Du brauchst

Tannenzapfen

Schnur

Futtermischung aus Vogelfutter, geriebenem Käse, Rosinen und Nüssen

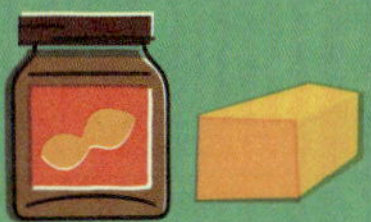

Nussbutter (z. B. Erdnuss oder Mandel) oder Schmalz

! Nussbutter ohne Zuckerzusatz verwenden!

Baue einen Futter-Zapfen

1 Nussbutter oder Schmalz gut mit der Futtermischung vermengen.

2 Ein Stück Schnur abschneiden, an der Spitze des Tannenzapfens befestigen, verknoten.

3 Die Futtermischung in die Löcher des Zapfens stopfen, draußen aufhängen.

Falte einen Origami-Vogel

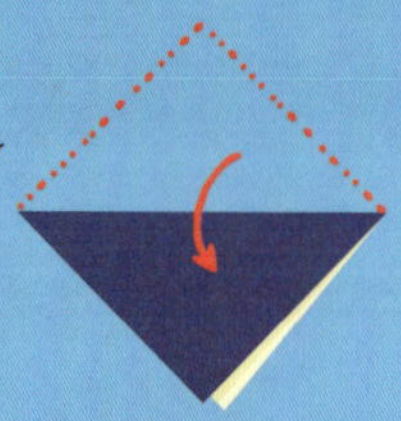

1 Das Vogelpapier ausschneiden und in der Mitte falten.

2 Den oberen Teil des Dreiecks nach unten falten.

3 Umdrehen und die obere Klappe nach oben falten.

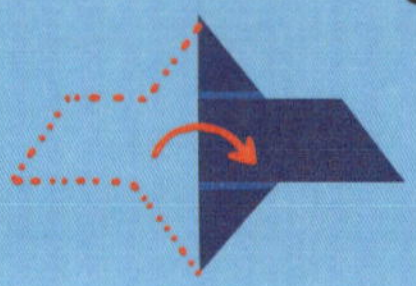

4 Von links nach rechts mittig falten.

5 Falte die rechte Klappe zurück zu einem Flügel.

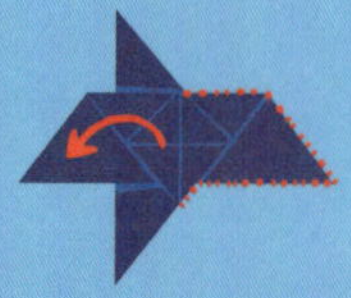

6 Umdrehen und den zweiten Flügel falten.

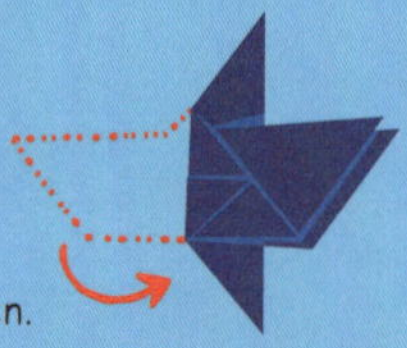

7 Falte für den Schnabel ein kleines Dreieck,.

8 Stelle deinen Vogel aus!

NICHT WEGWERFEN! Bewahre die Anleitung auf und falte mehr Vögel aus Papier. Sie sollen dich daran erinnern, die Vögel draußen zu füttern.

TAUSCHEN, KOMBINIEREN

und Kleidung wiederverwenden

20
Umblättern, um ein Abzeichen zu basteln.

Wirf deine alten Klamotten nicht weg, sondern veranstalte eine Kleidertauschparty! Mische, kombiniere und tausche, um zu verhindern, dass gute Kleidung auf der Mülldeponie landet.

Trage ein Kombi-Abzeichen, um alle zum Kleidertausch zu animieren.

1 Schneide die Vorlage aus der Klappe hinten am Umschlag aus.

2 Ziehe eine Sicherheitsnadel durch beide Löcher.

3 Schneide Gesichtsteile aus und gestalte ein verrücktes Gesicht.

4 Verwende den selbst gemachten Kleber, um die Teile festzukleben.

5 Trage das Abzeichen, um zu zeigen, dass du gern Kleider tauschst.

NICHT WEGWERFEN! Bastele anhand der Anleitung weitere verrückte Gesichter und Abzeichen.

SPARE WASSER

– dann haben wir alle genug

21

Umblättern, um ein Regentropfen-Mobile zu basteln.

Weniger als ein Prozent des Wassers auf der Erde ist verfügbar. Der Rest ist Meerwasser oder zu Eis gefroren.

Jeder Tropfen Wasser, den wir verwenden, muss danach gereinigt werden. Dafür wird Energie benötigt.

Ein tropfender Wasserhahn kann an einem Tage die Menge einer Badewanne verschwenden.

Wir trinken Wasser, um zu überleben, und wir brauchen es zu Hause und in Fabriken. Spare Wasser, damit es sauber bleibt und ausreichend vorhanden ist.

Wie kann ich Wasser sparen?

Schütze unser Wasser, indem du weniger verbrauchst. Jeder Tropfen zählt!

1 Drehe das Wasser ab, wenn du Zähne putzt!

2 Verwende Badewasser zum Pflanzengießen wieder.

3 Dusche kürzer und drehe beim Einseifen das Wasser aus.

4 Verwende ein Glas den ganzen Tag, um weniger Geschirr spülen zu müssen!

Bastele ein Regentropfen-Mobile, um dich zu erinnern, wie kostbar Wasser ist:

1 Schneide die obigen Tropfenformen aus und falte sie in der Hälfte.

2 Kleber nach Anleitung herstellen und oben auf einen Tropfen geben.

3 Einen weiteren Tropfen daraufkleben. Vorgang mehrmals wiederholen.

4 Aufziehen und die oberen und unteren Kanten zusammenkleben.

5 Einen Faden an die Spitze nähen und aufhängen.

NICHT WEGWERFEN! Anleitung aufbewahren und weitere Regentropfen-Mobiles basteln.

KAUFE WENIGER PLASTIK

und stoppe die Umweltverschmutzung

22

Umblättern, um eine plastikfreie Geschenkverpackung zu basteln.

Jeden Tag werden hundert Millionen Plastikflaschen verkauft. Es kann 1000 Jahre dauern, bis sie sich zersetzen. Was passiert mit ihnen?

Das meiste Plastik landet in der Mülltonne, nur wenig wird recycelt.

Etwa 80% werden auf Deponien vergraben oder an Land oder ins Meer gekippt.

Durch Plastik im Ozean können sich gigantische Müll-„Inseln" bilden.

Nur 8% Plastik wird recycelt.

Etwa 12% werden verbrannt, wobei schädliche Gase freigesetzt werden.

Bastele eine plastikfreie Geschenkverpackung:

1 Umblättern und das Papier ausschneiden.. In der Hälfte falten, sodass seitig ein Streifen übrig bleibt.

2 Kleber nach Anleitung herstellen und Streifen ankleben.

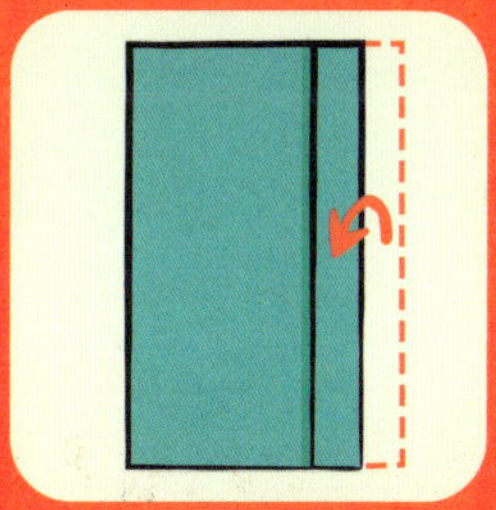

3 Den Streifen nach hinten klappen, damit er am Papier klebt. Festdrücken.

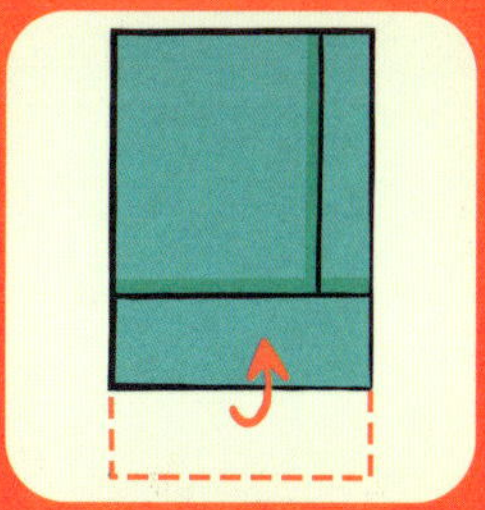

4 Von unten eine Klappe von mindestens 3 cm nach oben falten.

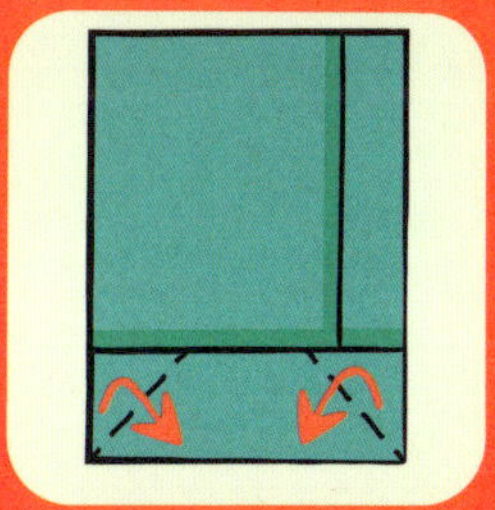

5 Von beiden Seiten der Klappe je ein Dreieck nach unten falten.

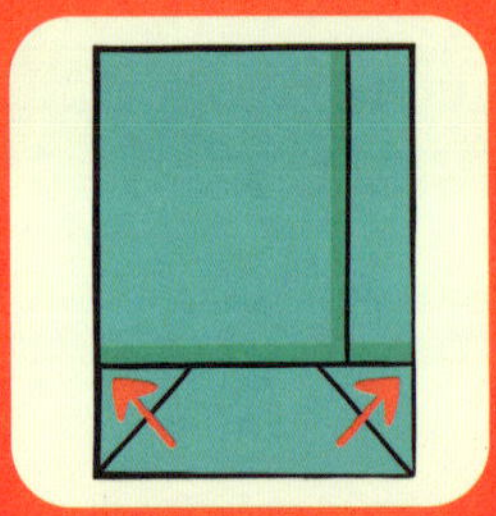

6 Die Dreiecksecken wieder aufklappen.

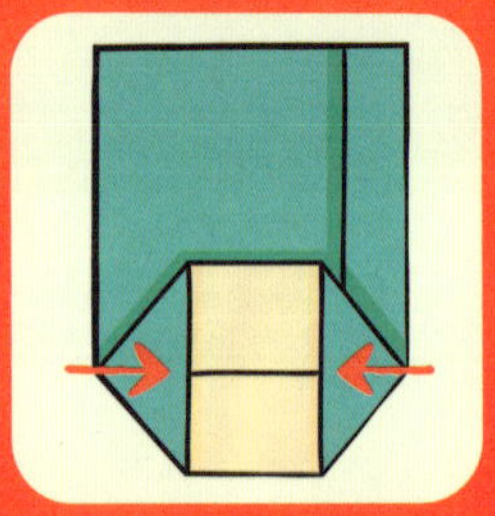

7 Den Boden öffnen und die Ecken nach innen stecken.

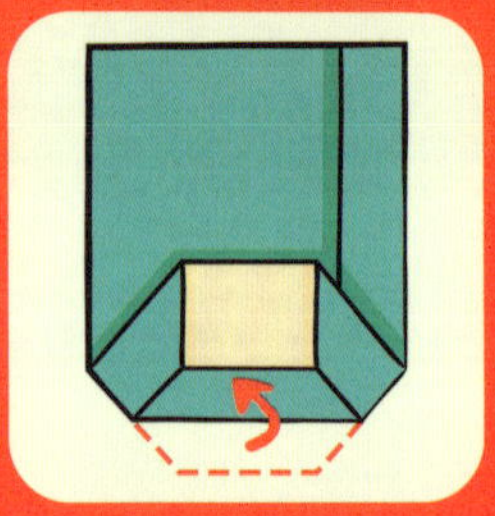

8 Eine kleine Klappe von unten nach oben falten.

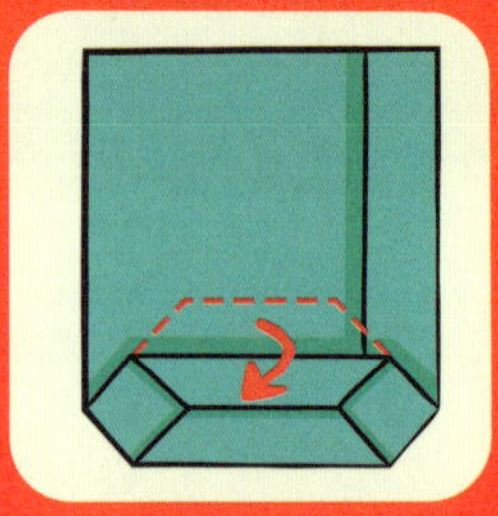

9 Das obere Ende nach unten klappen und auf die untere Lasche ankleben.

10 Die Tüte öffnen und ein Geschenk hineingeben!

NICHT WEGWERFEN! Mithilfe der Anleitung weitere Papiertaschen aus recyceltem Papier basteln.

Umblättern, um Papier mit Saatgut herzustellen.

WIRF SAMENBOMBEN

und bepflanze die Landschaft neu

Wenn Land gerodet wird, um Städte zu bauen, verschwindet oft die Natur. Hilf mit, die Tierwelt zurückzuholen, indem du Wildblumen aus Samenbomben pflanzt.

Du brauchst

Bastele Samenbomben:

1 Vermische 300 g Erde und 75 g Mehl mit einem Löffel.

2 Langsam 125 ml Wasser hinzugeben, um den „Teig" zu binden. Zu Kugeln rollen.

3 Die Kugeln in einer Schale, die mit Samen gefüllt ist, rollen.

4 Wirf die Samenbombe auf ein karges Fleckchen. Durch Sonne und Regen wird sie wachsen!

Stelle Samenpapier her:

1 Papier oben in kleine Stückchen zerreißen und über Nacht einweichen.

2 Das Papier mit der doppelten Menge Wasser vermixen.

3 Mischung abtropfen lassen, Wasser mit den Händen ausdrücken.

4 Blech mit Tuch auslegen, Samen daraufgeben und andrücken.

5 Schreibe einem Freund, das Papier zu vergraben, damit die Samen wachsen!

NICHT WEGWERFEN! Bewahre die Anleitung auf, um mehr Samenpapier zu machen. Verwende dazu die Schnipsel aus diesem Buch.

ÄNDERE ETWAS
im eigenen Zuhause

24
Umblättern, um das Energieheldenspiel zu spielen.

Du kannst den ganzen Tag Energie sparen, jeden Tag! Jedes bisschen, das du sparst, hilft, die globale Erwärmung zu reduzieren.

Das Spiel für Energiehelden

1 Die 8 Aufgaben unten ausschneiden und in ein Glas geben.

2 Bitte jede Person in deinem Haushalt, einen Zettel zu ziehen.

3 Alle müssen sich eine Woche lang an die Aufgabe halten.

4 Am Ende der Woche erhält jede Person Punkte.

5 Wer die meisten Punkte erzielt hat, ist Energieheld!

6 Jede Woche erneut eine Aufgabe ziehen. Wer wird der nächste Energieheld?

NICHT WEGWERFEN! Anleitung für die nächste Spielrunde aufheben.

WÄSCHEREI-CHEF

Bei 30 °C waschen, es sei denn, die Wäsche ist wirklich richtig schmutzig.

LICHT-KONTROLLEUR

Prüfe, ob alle Lichter ausgeschaltet sind, wenn sich niemand im Raum aufhält.

ZAHNBÜRSTEN-BOSS

Überprüfe, ob jede Person das Wasser während des Zähneputzens abdreht.

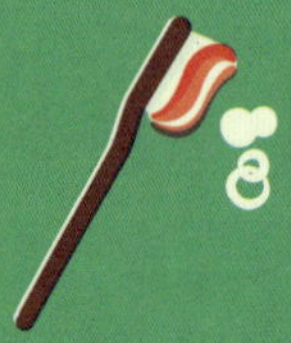

SPASS-DIREKTOR

Motiviere deine Familie, Spiele zu spielen, die keinen Strom verbrauchen.

HANDY-SCHNÜFFLER

Ziehe alle Stecker von Handys und Geräten, sobald diese vollständig geladen sind.

DUSCH-DETEKTIV

Bitte alle, zumindest einmal pro Woche zu duschen, anstatt ein Bad zu nehmen.

COMPUTER-MANAGER

Prüfe tagsüber immer wieder, ob unbenutzte Computer abgeschaltet sind.

TEMPERATUR-PRÜFER

Behalte die Heizung oder Klimaanlage den ganzen Tag im Auge – kannst du sie zurückdrehen oder ausschalten?

RETTE ALTKLEIDER
und mache Neues aus dem Stoff

25
Umblättern, um einen Webstuhl zu basteln.

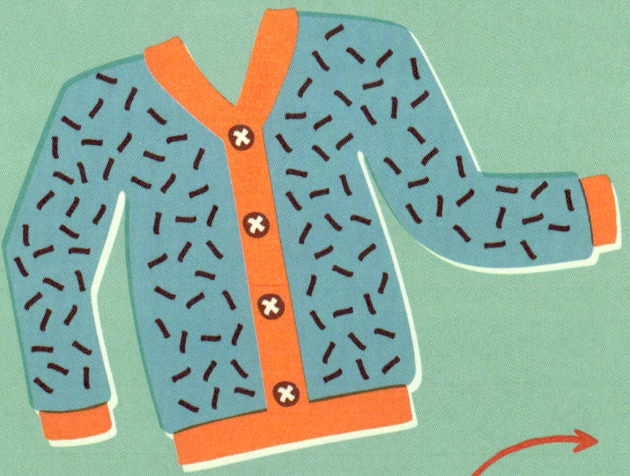

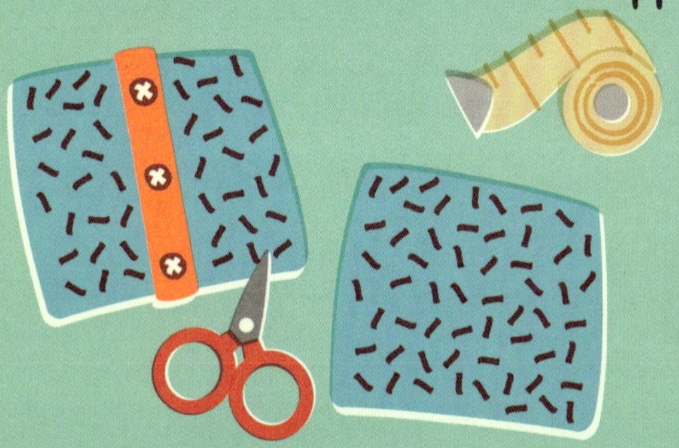

1 Wirf deine alten Pullis und Oberteile mit Knöpfen nicht weg!

2 Schneide Vorder- und Rückseite in zwei gleich große Quadrate.

3 Stecke die Quadrate mit den Außenseiten nach innen zusammen und knöpfe sie zusammen.

Wenn du Kleidung nicht reparieren oder wiederverwenden kannst, mache etwas komplett Neues daraus!

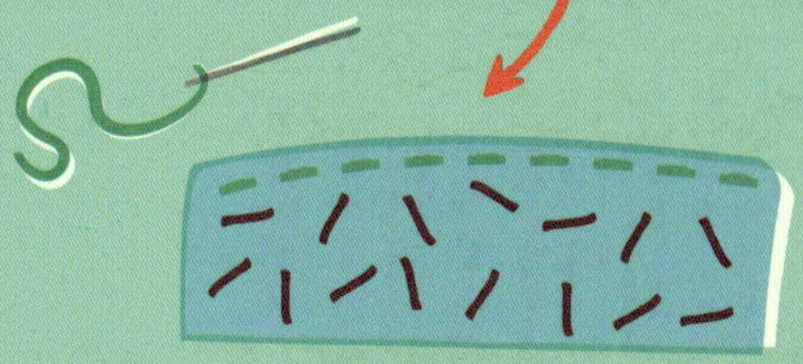

4 Die Ränder mit einem dicken Faden oder Garn zusammennähen.

5 Öffne die Knöpfe und drehe das Kissen von innen nach außen.

6 Das Kissen mit alten Klamotten füllen und die Knöpfe wieder verschließen.

Aus alter Kleidung einen Flickenteppich zaubern:

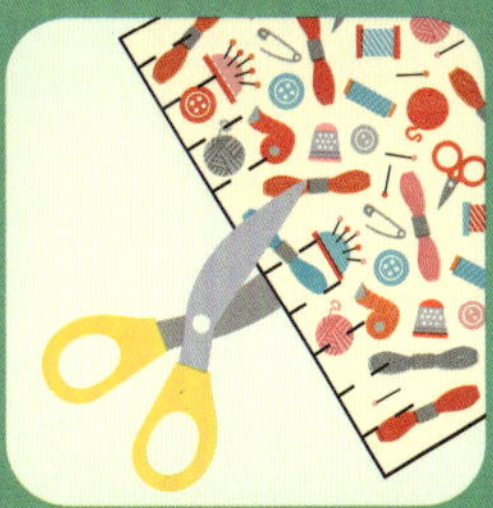

1 Webrahmen auf der nächsten Seite aus- und die Schlitze einschneiden.

2 Alte Stoffreste in 1 cm breite Streifen schneiden.

3 Die Stoffstreifen zu einem langem Band zusammen knoten.

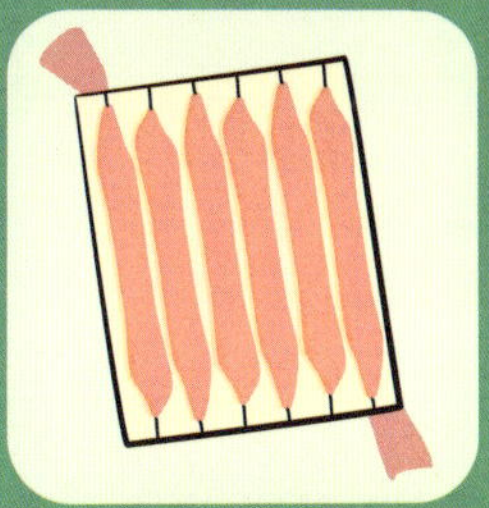

4 Das Band durch jeden Schlitz fädeln, von oben nach unten, von vorne nach hinten.

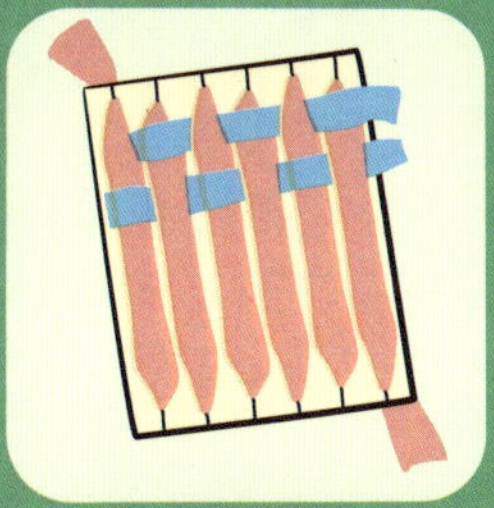

5 Einen weiteren Stoffstreifen von einer Seite zur anderen weben.

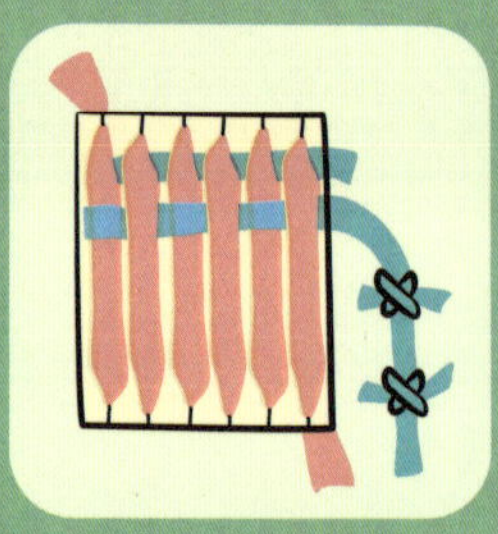

6 Weiter weben. Wenn das Stoffband zu Ende geht, neuen Streifen anknüpfen.

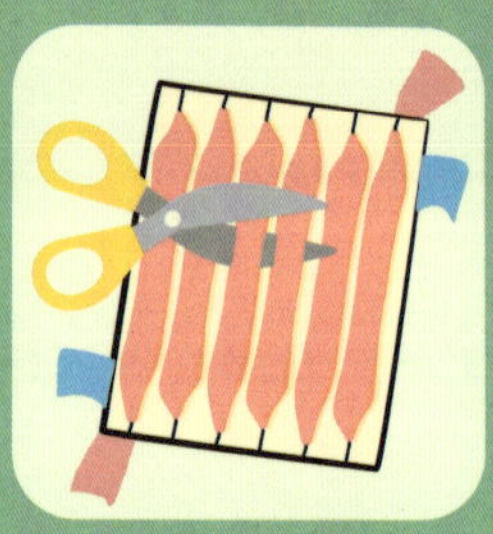

7 Wenn du fertig bist, Rahmen umdrehen. Die Webbänder in der Mitte durchschneiden.

8 Den Rahmen entfernen und die losen Enden verknoten.

9 Überstehende Enden gegebenenfalls abschneiden.

10 Als Platzdeckchen verwenden oder viele zu einem Teppich zusammennähen.

NICHT WEGWERFEN! Die Anleitung aufbewahren und weitere Webrahmen aus Kartonresten basteln.

BACKE PIZZA

und spare Zusätze und Lebensmittelmeilen

26
Umblättern, um eine umweltfreundliche Pizza zu backen.

Backe eine umweltfreundliche Pizza aus eigener Herstellung. So sparst du Lebensmittelmeilen, lebst bio und es schmeckt gut.

Teile deine Pizza mit Freunden.

Lebe biologisch und baue Früchte und Gemüse ohne Hilfe von chemischen Pestiziden an.

Du brauchst

2 Töpfe

Pflanzstock

Samen von Zwiebel, Paprika, Basilikum, Schnittlauch, Thymian, Oregano

Tomatenpflanze

Kompost

Züchte deine eigene Pizzasauce heran:

1 Setze die Tomatenpflanze in ein großes Gefäß um und fixiere sie am Pflanzstock.

2 Die Samen anbauen und den Topf an einen warmen Platz stellen, regelmäßig gießen.

3 Marienkäfer fressen Schädlinge, die die Pflanzen anfressen!

4 Nach 6 bis 8 Wochen kannst du die Tomaten und Kräuter ernten und Pizzasauce herstellen!

Backe Bio-Pizza

Verwende deine angebaute Ausbeute, um Pizzasauce herzustellen! Wenn möglich, kaufe auch regionales Brot und Käse aus Bioherstellung. Bitte einen Erwachsenen um Hilfe.

Zutaten

2 Paprika

1 Zwiebel

20 g gehackter Basilikum, Schnittlauch, Thymian und Oregano

Käse

1 kleines Baguette

2 TL Öl

8 bis 10 Tomaten

1 Bitte beim Würfeln von Zwiebel, Paprika und Tomaten um Hilfe. Hacke die Kräuter.

2 60 g Käse reiben und zur Seite Stellen. Den Ofen auf 230 °C vorheizen.

3 Bitte einen Erwachsenen, dabei zu helfen, das Öl und die Zwiebel in einer Pfanne zu erhitzen. Zwei Minuten bei mittlerer Hitze braten.

4 Die Tomaten, Paprika und Kräuter in die Pfanne geben und bei mittlerer Hitze 12 bis 15 Minuten rühren.

5 Ein halbes Baguette mit Sauce bestreichen und mit reichlich Käse bestreuen.

6 Das Baguette 10 Minuten im Ofen backen, bis der Käse geschmolzen ist. Bitte einen Erwachsenen, beim Herausnehmen zu helfen.

NICHT WEGWERFEN! Bewahre das Rezept auf und backe viele weitere Pizzen.

VERMEIDE PLASTIK,
um unsere Tiere zu schützen

27
Umblättern, um das Himmel-oder-Hölle-Spiel zu basteln.

Plastik kann für Tiere riechen, schmecken oder sogar aussehen wie Nahrung. Wenn sie es fressen, kann Plastik tödlich sein.

In den Bäuchen von Kängurus hat man zerplatzte Luftballons gefunden.

Elefanten und andere Tiere fressen manchmal Plastikmüll.

Eichhörnchen und andere Kleintiere bleiben mit dem Kopf in Eimern stecken, wenn sie versuchen, an Futter zu kommen.

Achte auf deine Haustiere, scharfes Plastik kann ihre Pfoten verletzten.

Spiele das Himmel-oder-Hölle-Spiel:

1 Umblättern und Spiel basteln. Um zu starten, einen Freund nach einer Zahl fragen.

2 Nun so oft auf- und zuklappen, wie es der gewählten Anzahl entspricht.

3 Frage nun nach einem Tier, das zu sehen ist.

4 Öffne die Klappe unter dem gewählten Tier, um die Frage und die Antwort zu finden.

5 Bei richtiger Antwort darf man erneut, bei falscher Antwort ist der Nächste am Zug.

Ist es okay, Plastikstrohhalme zu nutzen?

Antwort: Nein. Plastikstrohhalme werden einmal benutzt und dann weggeworfen. Täglich werden Millionen benutzt – das ist eine ganze Menge an Plastikmüll.

Nenne drei Landtiere, die durch Plastik zu Schaden kommen.

Mögliche Antworten: Elefanten, Seevögel, Kängurus, Eichhörnchen, Dachse, Hunde und andere Haustiere.

Wie lange dauert es, bis sich Kunststoff zersetzt?

Antwort: Es kann is zu 1.000 Jahre dauern.

Nenne drei Möglichkeiten, auf Plastik zu verzichten.

Mögliche Antworten: Vermeide Plastikflaschen, Strohhalme, Beutel und Zahnbürsten aus Plastik, Essen verpackt in Plastik.

Nenne zwei Meeresbewohner, die durch Plastik geschädigt werden.

Mögliche Antworten: Schildkröten, Robben, Wale, Delfine, Pinguine, Fische oder Krebse.

Was lässt sich anstelle einer Plastikzahnbürste verwenden?

Antwort: Eine Zahnbürste aus Bambus, die natürlich ist und sich leicht abbaut.

Was muss man für ein plastikfreies Picknick beachten?

Antwort: Kaufe kein Essen in Plastikverpackung. Verwende wiederverwendbare Flaschen, Teller, Gefäße und Besteck und packe die Speisen in wiederverwendbare Behälter.

Was kannst du statt einer Plastiktasche für den Einkauf verwenden?

Mögliche Antworten: Verwende eine Tasche aus Leinen, Papier oder Baumwolle, die du wiederverwenden kannst.

Bastele ein Himmel-oder-Hölle-Spiel:

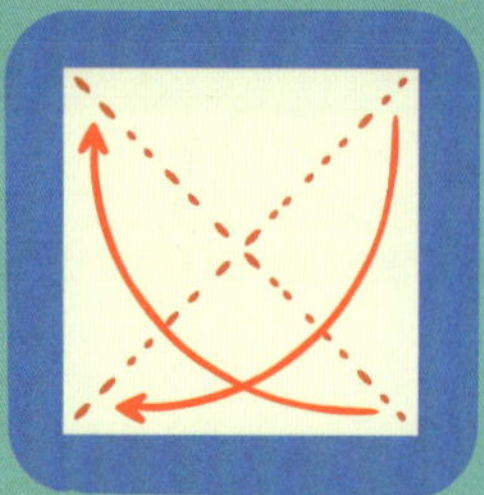

1 Die obere Seite ausschneiden und von Ecke zu Ecke falten.

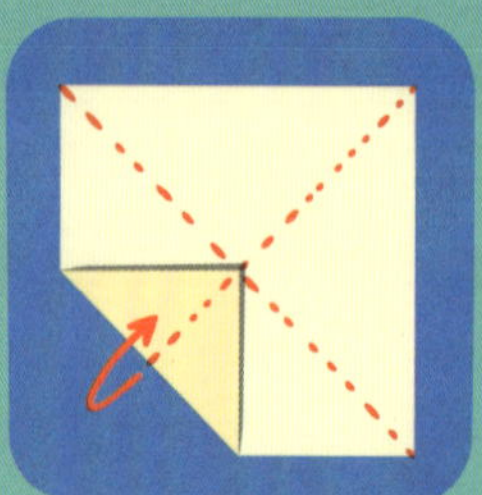

2 Alle vier Ecken zur Mitte hin falten.

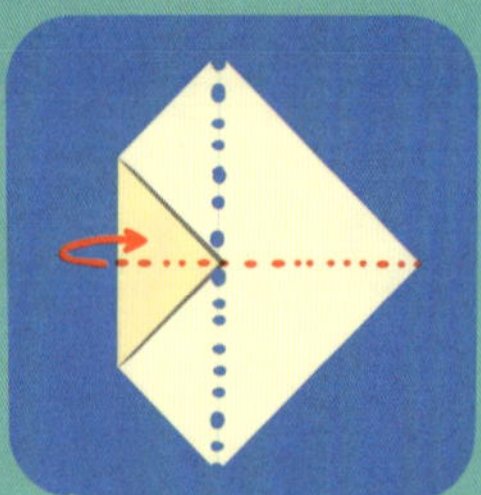

3 Umdrehen und abermals jede Ecke zur Mitte hin falten.

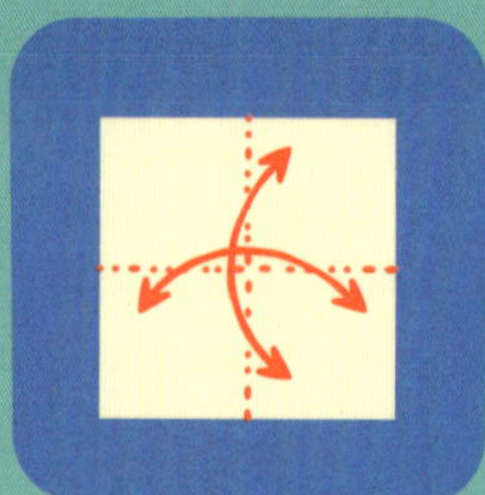

4 Von beiden Seiten mittig falten und auffalten, um Laschen zu öffnen.

5 Unter jede Klappe einen Finger und Daumen stecken, um zu spielen!

NICHT WEGWERFEN! Bastele mit Hilfe der Anleitung weitere Spiele und Umwelt-Quizze aus Recyclingpapier.

ALLES VERBRAUCHEN

und Lebensmittel retten

28

Umblättern und Reste verkochen.

Ein Drittel der weltweit produzierten Lebensmittel wird weggeworfen. Lebensmittelabfälle auf der Mülldeponie setzen giftige Gase frei, die die Luft erwärmen und die Klimaerwärmung vorantreiben.

Viele Menschen haben nicht genug zu essen, also verschwende nichts!

Die Erzeugung von Lebensmitteln erfordert viel Energie, Wasser und Ackerland.

Verschwende weniger Lebensmittel im Haushalt:

1 Versuche, nicht mehr Lebensmittel zu kaufen oder zu kochen, als du wirklich brauchst.

2 Kaufe weniger Essen und baue selbst an. So sparst du auch Plastikverpackungen ein.

3 Wirf nicht perfektes Gemüse nicht weg – es schmeckt köstlich!

4 Kompostiere Gemüse und Schalenreste, anstatt diese wegzuwerfen.

5 Wirf keine Lebensmittel weg, außer sie sind schlecht geworden.

Arme Ritter

Zutaten

2 Scheiben Brot
(kann altbacken sein)

1 TL Öl

½ Teelöffel Zimt

1 TL Vanilleextrakt

1 Ei

60 ml Milch

1 Ei in eine Schüssel schlagen und gut verquirlen.

2 Milch, Zimt und Vanille hinzugeben und alles vermengen.

3 Brot in die Mischung tauchen. Achte darauf, dass beide Seiten gut bedeckt sind.

4 Öl in die Pfanne geben. Bitte einen Erwachsenen, dir beim Backen zu helfen – beide Seiten goldbraun backen.

Pfannkuchen aus reifen Bananen

Zutaten

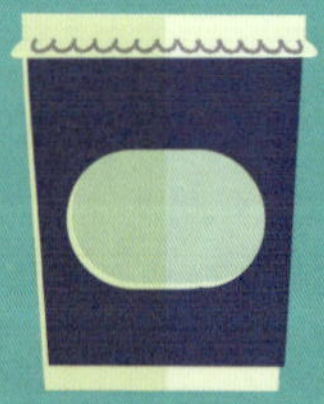

125 g Naturjoghurt

1 EL Öl

1 Ei

1 reife Banane

1 EL Honig

100 g Haferflocken

Sirup

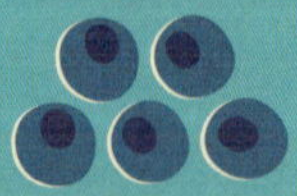

eine Handvoll Blaubeeren

1 Joghurt, Banane, Haferflocken, Ei und Honig in einem Mixer pürieren.

2 Bitte einen Erwachsenen, Öl in einer Pfanne zu erhitzen. Etwas Teig hineingießen.

3 Sobald der Pfannkuchen Blasen wirft, bitte einen Erwachsen, ihn zu wenden.

4 Mit einem Spritzer Sirup, Blaubeeren und ein paar Bananenscheiben servieren.

INFORMIERE ANDERE

und trage zur Rettung des Planeten bei

29

Umblättern, um Umweltabzeichen zu basteln.

Alle müssen helfen, wenn es darum geht, unseren Planeten zu retten. Aber auch kleine Aktionen können einen GROSSEN Unterschied machen. Schrei laut auf und motiviere alle, mitzumachen!

Bastele Anstecker, um die Nachricht zu verbreiten:

1 Schneide die Vorlage aus der hinteren Umschlaginnenseite aus.

2 Blättere um und schneide die Abzeichen aus.

3 Stelle deinen umweltfreundlichen Kleber her und klebe die Abzeichen an.

4 Auf der Rückseite eine Sicherheitsnadel mit Klebeband befestigen.

5 Trage dein Abzeichen mit Stolz oder schenke es einem Freund!

SCHNIPSEL NICHT WEGWERFEN! Für das Insektenhotel oder zur Herstellung von Papier verwenden.